KB110595

알고 쓰는 화장품

차례
Contents

화장은 어떻게 시작하게 됐을까?

화장품의 탄생

언제까지나 아름다운 모습으로 존재하고 싶어 하는 마음은 수천 년 전 고대의 사람들이나 디지털 시대를 살고 있는 현대의 사람이나 다르지 않을 것이다. 중국의 진시황이 불로장생을 꿈꾸며 전 세계를 헤맨 것처럼 오늘날의 사람들은 아름다워지기 위해 또는 나이보다 어려보이는 외모를 유지하기 위해 여러 방법을 동원한다. 적지 않은 금액을 지출해 피부 관리를 받는가 하면 주사를 맞기도 하고, 때론 목숨을 걸고 수술대에 오르기도 한다. 피부만 좋아질 수 있다면 수백 만 원을 호가하는 값비싼 화장품에도 기꺼이 지갑을 연다.

아름다운 외모를 가진 아이돌 스타들이 큰 수입을 올리면서 영향력을 떨치고 사회적 지위를 보장받으면서 연예인은 소위 '10대들의 선호 직업군'이 되었고, 좋은 직장에 들어가기 위한 취업성형이 필수코스가 되고 있는 것이다. 특히 현시점에서 아름다운 외모는 순수한 아름다움이 주는 감동을 넘어 살아가는 데 훌륭한 스펙이자 무기가 되었음을 부인할 수 없다. 응시자의 사진 없이 작문 채점을 진행했을 때와 사진을 보여주고 채점했을 때를 비교한 한 실험결과를 보니 사진의 외모가 좋은 경우 평균 1.5점이 올라갔고, 그렇지 않은 경우 평균 2.7점이 내려갔다. 이런 결과들을 보고 있노라면 '내면의 아름다움이 외면의 아름다움보다 중요하다'는 세간의 이야기는 '너무 순진한 발상이 아닌가'라는 결론에 이르기도 한다. 아직 사회적 경험이 없는 갓난아기도 외모가 뛰어난 사람의 사진을 더 오래 바라본다고 하지 않던가? 아름다움에 대한 집착은 어찌 보면 본능에 가깝다. 기원전 600년 여류시인 사포(Sappho)도 '예쁘면 다 착하다'고 하지 않았는가? 과거나 현재나 아름다움은 늘 환영받을 수밖에 없다.

우리가 매일 화장품을 사용하는 이유는 인류의 마음 속 깊이 자리 잡은 '아름다움에 대한 갈망'으로 설명될 수 있다. 아침을 거르더라도 스킨이나 로션은 꼭 바르고, 모임이나 만나는 사람의 중요도가 높을수록 여성들은 메이크업에 더욱 공을 들인다. 특별한 자리, 더 돋보이고 싶은 자리에서 자신을 꾸며야 할 때 화장품을 사용하지 않는 여성은 거의 없을 것이다.

화장품은 우리가 아름다워지기 위해 하는 행위에서 가장 많이 사용되는 도구이며 쉽고 빠르게 이용할 수 있다. 만족도 또한 높아 생활필수품으로 자리 잡은 지 오래다. 또 화장은 사회적인 매너이기도 하다. 모 대기업의 회사생활 지침서에 보면 '여직원은 화장을 하여 용모를 단정히 할 것'이라는 내용이 삽입되어 있다고 한다. 대부분의 직장여성들이 바쁜 출근시간에도 화장하는 것을 당연하게 받아들이고 있고, 출근 준비의 한 부분으로 인식하고 있다. 화장을 시작한 이후 맨얼굴로 밖에 나갔다가 우연히 아는 사람이라도 만나면 기겁하고 도망가든가 얼굴을 가리며 부끄러워했던 경험이 있을 것이다. 화장을 하면 스스로에게 자신감을 주기도 하지만 보통 상대방에 대한 예의로 생각하기 때문이다.

누군가를 만나기 위해 얼굴에 간단한 화장을 하고 가볍게 립스틱을 바르는 것은 그 만남에 대한 최소한의 성의로 받아들여질 수 있다. 또 현재 '화장술'이라고 불리는 메이크업 기술들은 생각 이상의 기술력을 자랑한다. 인터넷을 통해 많이 돌아다니는 화장 전후의 사진들을 보라. 그저 놀라울 뿐이다. 한번은 모 TV프로그램에 성형예찬론자와 화장예찬론자가 출연해 '외모를 더 드라마틱하게 바꾸는 것은 무엇인가?'라는 주제로 전후 사진을 비교하며 열띤 논쟁을 벌였다. 이때 프로그램에서는 각각의 전후 사진들을 공개했는데 성형 전후도 많이 놀라웠지만 화장 전후의 변화 모습은 현장에 있는 방청객뿐만 아니라 시청자들에게도 충격적으로 다가올 정도였다. 성형을 한 것처럼 이목구비를 바꾸는 것은 기본이고, 자신이 원하는 다양한 이미지를 완벽하게 연출해내기도 했다.

메이크업의 이러한 이미지 연출 기술은 자신을 더 자신답게 만드는 역할을 한다. 메이크업을 보면 그 사람이 어떤 삶을 지향하고 원하는지 읽을 수 있다. 화장은 자신이 보여주고 싶은 모습, 자신이라고 느끼는 모습을 표현하는 수단이기 때문이다. 일본의 갸루족이나 유럽의 고딕족은 여기에 의상과 소품까지도 이용한다. 하지만 가장 중요한 점은 화장을 통해 자신이 세상에 보여 지고 싶은 이미지를 표현한다는 것이다. 그래서 사람들은 메이크업을 했을 때 '자신이 표현하고 싶은 나'에 더 가까워졌다고 느끼고 만족감을 가지며 이는 자신감과 연결된다.

화장은 그 사람을 가장 잘 설명해 줄 수 있는 수단이기 때문에 과거에는 신분을 나타내기도 했다. 곱고 흰 피부는 노동을 하지 않는 높은 신분임을 나타내기 때문에 동서양을 막론하고 곱고 흰 피부를 만들기 위해 애를 썼다. 중세에는 더 흰 피부일수록 높은 신분을 상징했고, 유교사상으로 대표되는 보수적인 조선시대에는 남성들도 피부를 희게 만들기 위해 분(粉)세수를 했다. 오늘날 '도자기 피부' '물광 피부'에 열광하는 현상의 기원이 바로 여기에 있다.

화장은 또 자연환경으로부터 자신의 신체를 보호하기 위한 훌륭한 수단이 될 수 있다. '현대 화장의 창시자'라고 불리는 클레오파트라도 이집트의 강한 태양과 더위로부터 피부를 보호하기 위해 캐스터 오일(Castor oil, 아주까리나무 씨앗에서 추출한 기름)을 사용했고, 말라카이트(malachite, 공작석)와 안티몬(antimon, 금속의 일종)을 오일에 개어 사용했는데 이는 눈을 크고 아름답게 보이기 위한 목적도 있었지만 벌레나 곤충으로부터 눈을 보호하기 위한 수단이 되기도 했다.

오늘날 피부와 신체를 보호하는 역할로 화장의 중요성은 더욱 커지고 있다. 오존층에 생긴 구멍으로 피부는 자외선에 그대로 노출되고 있고, 지구 사막화로 피부는 점점 건조해지고 있다. 또 각종 대기오염과 환경의 악화는 피부를 점점 예민하게 만들고 있다. 특히 자외선은 피부암과도 관련이 있어 건강에도 치명적일 수 있다. 피부노화의 70%가 자외선의 책임라고 할 수 있을 만큼 자외선은 직접적으로 피부를 늙게 만드는 주요 원인이다. 아무리 비싼 화장품을 바르고 피부 관리를 한다 하더라도 자외선 차단을 해주지 않으면 피부 나이를 실제 나이만큼 유지하기 어렵다. 40대가 30대의 피부를, 20대가 10대의 피부를 유지하고 싶다면 가장 먼저 고려해야 할 것이 '자외선으로부터 어떻게 피부를 지키느냐'이다.

피부가 논바닥처럼 갈라지는 피부건조도 문제다. 피부건조는 단순히 피부에 수분이 모자라는 것이 아니라 그 이상의 문제를 가지고 있다. 피부가 건조하게 되면 알칼리성으로 바뀌게 되고, 이는 해로운 각종 세균을 번식시키면서 피부생태계에 좋지 않은 변화를 몰고 온다. 우리가 바라는 매끈하고 촉촉한 피부와는 거리가 멀어지는 것이다. 자동차 배기가스나 새집 증후군, 각종 환경오염도 마찬가지다. 이러한 요인들은 피부리듬을

어긋나게 만들고 피부가 가지고 있는 자생력을 파괴해 문제성 피부, 예민성 피부를 만든다. 결국 피부가 지치고 늙게 되는 것이다. 오늘날의 이러한 환경변화들은 화장품이 해결해야 할 숙제이기고 하고, 화장품 업계에 속한 관계자들이 고민하고 연구하는 부분들이기도 하다. 또 화장품 사용자들이 화장품을 선택할 때 고려해야 할 핵심사항이자 화장품의 탄생이유이고 존재가치이기도 하다.

화장품의 역사

영어 'cosmetic(화장)'의 어원은 희랍어 'kosmos'로 '우주의 명령(order of universe)'이라는 의미를 가지고 있다. 화장은 단순히 예뻐지고 싶은 행동이 아니라 자신의 아름다움을 발견하고 더 아름답게 가꾸라는 신의 명령이자 신성한 의식이라는 의미이다. 즉 아름다워지는 것은 인간의 의무로, 애초부터 인간은 아름다움을 갈구하는 본성을 지니고 태어났다고 설명할 수 있다. 이렇다 보니 화장은 인류의 역사와 그 시작이 같다. 정확한 기록은 없지만 인류는 집단생활을 하면서 화장을 한 것으로 전해진다. 아름답게 꾸미기 위해 또는 외부의 공격으로부터 자신을 보호하고 위장, 은폐하거나 신분, 계급, 종족, 남녀를 구분하기 위해 인류는 화장을 시작했다.

우리나라

한민족의 역사와 화장품의 역사는 함께 시작되었다고 해도 과언이 아니다. 단군 신화를 보면 곰이 사람이 되기 위해 쑥과 마늘을 먹었다고 하는데 여기서도 화장품의 기원을 찾을 수 있다. 고대 사회의 지배 계층은 '얼굴이 흰 사람'으로 지칭되는데, 쑥과 마늘이 미백에 훌륭한 미용재료임을 감안한다면 지배 계층으로 거듭나기 위한 일종의 의식으로 생각할 수 있다.

한때 돼지껍데기가 피부에 좋다며 열심히 챙겨먹고 또 피부에까지 바르는 사람이 TV에 나온 적 있었다. 돈피 속에 들어있는 풍부한 콜라겐 덕분에 피부가 좋아질 거라 기대하겠지만 실제로는 돼지기름의 역할이 더 크다. 고대인들은 이미 돼지기름을 훌륭한 화장품 재료로 사용하고 있었다. 특히 후한서(後漢書)를 보면 고조선의 읍루인(挹婁人)들이 강한 추위 속에서 피부를 보호하고 부드럽게 하기 위해 피부에 돼지기름을 발랐다고 한다. 실제 돼지기름은 훌륭한 피부연화제이자 보습제다.

삼국시대에는 흰 피부를 만들 수 있는 백분(白粉)이 크게 유행했다. 쌀로 만든 가루인 백분은 잔주름과 얼굴의 잡티를 가려주고 피부를 희게 보이게 만든다. 신라시대에는 '아름다운 육체에 아름다운 정신이 깃든다'는 영육(靈肉)일치 사상이 강해 백분과 함께 연지를 만들어 뺨과 입술에 발랐다. 또 남성들도 여성 못지않게 화장을 즐겼다. 특히 귀족의 자제들로 구성된 신라의 화랑은 수려한 외모를 겸비한 시대의 '스타일 아이콘'으로 현재의 아이돌 가수만큼 인기를 누려 누구보다 외모 가

꾸기에 신경을 썼다고 한다. TV드라마 〈선덕여왕〉에 등장했던 '미생공'은 여성보다 더 아름다운 외모로 유명해진 인물이기도 하다. 아름다운 외모가 칭송받았던 신라에서는 화장품 제조기술과 화장법이 일본보다 훨씬 앞서 있었다.

고려시대로 오면서 연지의 인기는 수그러들었지만 백분을 즐겨 사용하고 버들잎 같은 눈썹을 즐겨 그렸다. 지금의 향수와 같은 역할을 하는 향낭(香囊)주머니를 차고 다닌 사람도 많았다고 한다. 이는 수수하고 청순한 화장법을 즐겼지만 은은한 향을 품은 청초한 여인의 이미지를 떠올리게 만든다. 나름의 생김새에 따른 눈썹 화장법의 발달과 함께 다양한 화장술과 화장도구들의 발달도 두드러졌다. 청자, 백자 등의 용기로 만든 예술적 가치가 높은 화장도구들도 이때 등장했다.

조선시대에 이르러서는 화장품과 향낭이 상류층과 기생들을 중심으로 널리 퍼졌다. 당시 화장품과 화장도구는 20여 종이 넘었고, 화장품의 생산·판매도 활발히 이루어졌다. 조선의 화장품 기술은 매우 높은 편이어서 일본에서 발매된 '아침이슬'이라는 화장수 광고 문안에 '조선의 최신제법으로 제조한…'이라는 구절만 보아도 당시의 기술력을 미루어 짐작할 수 있다. 또 궁중에 '보색서(補色署)'라는 일종의 화장품 전담관청이 설치된 적도 있었다. 구한말 갑오경장 이후에 와서는 일반 백성들도 백분이나 연지를 사용하면서 화장품 사용이 더욱 보편화되었다.

서양 화장품의 기원과 역사

화장품을 최초로 사용한 사람들은 기원전 3500년경 고대 이집트인들이다. 세계 화장품 역사에서 가장 호기심을 자아내는 것도 클레오파트라가 살았던 고대 이집트 시대다. 역사를 통틀어 가장 아름다운 여성, 미의 대명사인 클레오파트라는 어떤 화장품을 사용했을까? 정말 우유로 목욕을 하고 피부에 꿀을 발랐을까? 이집트의 마지막 여왕이었던 클레오파트라는 피부 관리와 메이크업, 모발 관리, 향수, 장신구에 이르기까지 완벽한 화장을 했는데 이는 그동안 이집트에서 축적되고 발전된 화장품의 개발 덕분이다.

클레오파트라가 살았던 고대 이집트는 우리가 상상하는 그 이상의 화장품 제조기술을 가지고 있었다. 고고학자 하워드 카터(Howard Carter)에 의해 발견된 투탕카멘의 무덤에서는 엄청난 보물과 함께 향료와 화장품이 발견되었다. 파피루스에 의하면 그들이 화장품을 만드는 공식은 비밀로 유지되었으며 경제적인 여유가 있는 사람들에게만 제품을 팔았다고 하는데 그 효과가 탁월했다고 한다. 기록에 의하면 피부나 머리카락의 건강을 유지하는 약 800가지의 비법이 있었다고 전해지며 현재 우리가 알고 있는 약물과 식물에 관한 지식의 대부분이 고대 이집트인들에 의해 정립된 것이라고 하니 실로 놀라울 따름이다.

이집트인들은 태양에 피부가 타는 것을 극도로 싫어했고 피부가 건조해지는 것을 막으려고 애썼다. 덥고 건조한 사막에서 피부를 아름답게 지키기 위해 설화석고(雪花石膏: 설백색의 고운 입

고대 이집트 유물에서 발견된 화장품 케이스

자가 치밀하게 뭉친 석고) 가루와 천연 탄산나트륨, 꿀을 섞어 만든 크림으로 피부의 노화를 막았고, 향료와 밀랍, 신선한 올리브 오일과 사이프러스(Cypress) 혼합물에 젖(우유)을 더한 크림으로 주름을 방지했다고 한다. 아이라인이 강조된 클레오파트라의 그 유명한 눈 화장은 안티몬과 말라카이트로 만든 코울(kohl)을 사용했는데 눈을 강조해 아름다움을 더하기도 했지만 태양으로부터 눈을 보호하고 벌레와 곤충으로부터 접근을 막기 위함도 있었다. 또 화장품을 담은 용기마다 내용물이 사용된 날짜와 기간을 꼼꼼히 적어놓았다.

고대 이집트의 화장품은 현대 과학으로도 그 우수성이 증명되고 있다. 프랑스 국립과학기술원의 필립 월터(Philippe Walter) 박사는 클레오파트라가 살던 시대에 사용됐던 화장품이 '나노기술(Nano Technology)'을 이용한 화장품이라고 발표하기도 했다. 프랑스 파리 6대학에서는 이집트 화장품에서 소량의 소금이 발견되었는데 이는 신체 면역체계를 자극, 세균과 대항하는 박테리아 생산을 240% 증가시켜 질병과의 싸움에 도움을 주었다고 한다. 고대의 화장품은 오늘날 현대 화장품에서 요구하는 '건강과 아름다움'이라는 두 가지 조건을 모두 충족시켜 주고 있는 것이다. 이집트인들이 어떤 방법으로 이런 화장품을 만들 수 있었는지 놀랍고 신기할 따름이다. 최근 자연주의 열풍과 더불어 천연 재료, 유기농 재료를 사용해 만든 화장품이 인기를 끌고 있는 만큼 그 비법을 전수 받는다면 화장품의 기능을 획기적으로 업그레이드 시킬 수 있을 것이다.

현대 화장품의 역사

현재 우리가 사용하고 있는 화장품들은 제2차 세계대전 이후 석유화학산업의 발전으로 현대적 화장품의 모양새를 갖추었다. 석유화학산업은 새로운 기술로 도약해 기초화학산업을 압도하며 기존 원료를 대체하기 시작했고, 폴리프로필렌(polypropylene) 같은 새로운 원료들도 개발했다. 세탁세제와 같은 생활용품들의 개발이 가능하게 되고, 이러한 변화는 '화장품산업화'의 시작이 되었다. 과거에는 소수의 구매자를 위해 약사나 수도사, 의사, 특정 사람들이 자신만의 특별한 비법을 가지고 화장품을 조제하는 가내수공업 방식이었지만 이제 대량 생산되는 공장화장품이 탄생한 것이다. 대량 생산이 되는 저렴한 공장화장품 덕분에 20세기 이후 세계의 모든 여성들이 화장을 시작할 수 있었다.

'공장화장품의 효시'로 불리는 콜드크림(cold cream)과 배니

공장화장품 초기의 광고

싱크림(vanishing cream)은 1907년 폰즈(Pond's)에서 첫 출시한 이래 1950년까지 폭발적인 인기를 누렸다. 특히 콜드크림은 만능크림이라고 불리며 마사지용으로 사용되는 것은 물론, 일반크림 대용, 화장을 지울 때도 사용되었다. 유분 함량이 많은 콜드크림에 비해 배니싱크림은 바르는 즉시 흡수되어(사라져) 일종의 수분크림 대용으로 사용되었다.

1950년대는 합성계면활성제 덕분에 화장품 산업이 더욱 가속화되고 상품군도 다양해졌다. 제2차 세계대전 중 독일에서 개발된 합성계면활성제는 기름때를 빼주는 합성세제로 사용되었으나 물과 기름을 섞어 부드러운 영양크림과 로션을 만들 수 있는 유화제 역할을 해 화장품에도 널리 사용되었다. 이어 콜드크림, 배니싱크림, 로션(유액)뿐만 아니라 화장수, 립스틱, 아스트리젠트(astrigent), 마스카라, 오데코롱(eau de cologne), 파운데이션, 네일에나멜, 포마드, 퍼머약, 염모제 등에 이르기까지 다양한 종류의 화장품이 등장했다.

1970년대에 들어서면서 메이크업 화장품이 각광을 받기 시작했는데, 이때 새로운 메이크업 화장법이 소개되고 화장을 독려하는 사회적 분위기가 조성됐다. 1970~80년대 영화 속 여배우들의 부담스러웠던 진한 화장을 떠올리면 쉽게 이해할 수 있을 것이다. 특히 화장품 회사 중심으로 활발히 이루어진 때(time)와 장소(place), 목적(object)에 따라 화장도 달라져야 한다는 메이크업 캠페인은 여성들의 화장품 소비패턴을 바꾸어 놓았다. 이러한 메이크업에 적합하게 기초화장품들은 산뜻한 사용감을 강조하는 제품들이 인기를 끌었다. 과학의 발달로 1980년대에는 첨단기술을 응용한 화장품들이 개발되었다. '노화억제'라는 안티에이징(항노화)의 개념이 생겼고, 무향, 무색소, 저방부제의 민감성 화장품도 개발되었다. 이제 단순한 화장품 성분의 조합이 아니라 피부생리에 초점을 맞춘 제품 연구가 시작되었다.

1990년대는 지구 환경에 대한 관심과 더불어 식물성 성분이 인기를 끌었고 레티놀(retinol)과 같은 기능성화장품이 히트를 쳤다. 그리고 2000년대 들어서면서 화장품은 거대 규모의 산업으로 자리를 잡았다. 이후 나이보다 젊어 보이고 싶어 하는 '동안열풍' 등의 사회적 분위기가 화장품 산업을 지속적으로 성장시키고 있다. '웰빙(well-being)'이 사회적인 트렌드가 되고, 건강하고 젊어지고 싶은 소비자의 욕구가 늘어나면서 화장품에 대한 기대도 높아지고 있다. 피부 생리작용에 대한 과학적 규명과 각종 생리활성물질의 개발로 피부미백, 피부탄력, 주름개선, 자외선 차단 등 기능성화장품에 대한 연구개발이 가속화되고, 눈가와 입가, 볼 등과 같이 부위별로 세분화 된 화장품이 개발되고 있으며 인종·나라별로도 연구가 지속되고 있다.

아름다워지기 위해 죽음도 불사하다.

이슬람법에서도 화장품을 금지하지는 않지만 '인체에 해롭지 않은 재료로 만들어야 한다'는 조건이 있다. 모든 법은 '지키는 자가 있어서'라기보다는 '지키지 않는 자'가 있기 때문에 생겨났을 것이다. 화장품으로 인해 '치명적인 질병에 노출될까?' 또는 '설마 죽을 수도 있을까?'라는 의구심이 들 수도 있겠지만 아름다움에 대한 추구가 도를 넘어 죽음까지 불사하는 수많은 예를 현재 뿐만 아니라 역사 속에서도 만날 수 있다. 영화 〈천일의 스캔들(The Other Boleyn Girl, 2008)〉을 기억하는가? 중세를 배경으로 한 이 작품 속의 여성들은 서로 더 아파 보이기 위해 노력한다. 아파 보이는 여성이 남성들에게 더 사랑을 받는다고 생각했기 때문이다.

중세의 교회들은 화장을 환영하지 않았지만, 많은 여성들이 '아파 보이기 위해' 화장을 했다. 그래서 중세의 유행 화장법은 페일(pale) 메이크업이었다. 창백함을 표현하기 위해 밀가루와

벨라도나(atropa belladonna)

분필가루, 납을 섞어 발랐고 심지어는 일부러 피를 뽑기도 했다. 또 퀭해 보이는 눈을 만들기 위해 밤새 책을 읽는 것이 유행하기도 했다. 눈에 문제가 생긴다는 것을 알면서도 요즘 학생들이 눈동자를 커보이게 하기 위해 서클렌즈(circle lens)를 끼고, 촉촉한 눈처럼 보이기 위해 눈물렌즈를 사용하는 것처럼 르네상스 시대에는 '벨라도나(bella donna)'라는 식물의 즙을 안약처럼 눈에 넣었다. 맹독성인 벨라도나는 눈에 넣으면 동공이 확대되고 시야가 흐려져 사물이 잘 보이지 않을 뿐만 아니라 죽음에까지 이르게 하였다.

중국 은나라 주왕 때부터 사용한 것으로 알려진 연지는 붉은 색을 내기 위해 잇꽃(홍화)을 사용했지만 복잡한 과정이 필요하고 1만여 평의 밭에서 겨우 70~80kg 정도 생산이 가능해 값이 매우 비쌌다. 그래서 수은과 유황의 화합물로 짙은 홍색 광물인 주사(朱砂)를 많이 사용했다. 주사는 수은의 원료인 동시에 붉은색을 내는 안료다. 주사로 연지를 만드는 연금술은 중국에서 모방해 가기도 했다고 한다. 수은은 몸에 축적될 경우 치명적인 결과를 내는 성분이다. 중국의 진시황도 불로장생을 위해 수은을 피부에 바르고 심지어 먹기까지 했다고 한다. 수은이 흐르는 강이 그의 무덤에서 발견될 정도이니 진시황은 수은을 불로불사의 명약으로 생각한 모양이다. 그 결과 진시황은 수은중독으로 코가 썩고 말년에는 정신병까지 얻었다고 전해진다.

화장의 역사 중 변하지 않는 흐름이 바로 흰 얼굴에 대한 집착이다. 주근깨를 없애기 위해 우유에 살모사 즙을 내어 황산염을 첨가한 로션을 만들어 바르기도 하고, 송아지 육수로 세수를 하기도 했다. 화려함의 극치인 로코코 시대에는 수은과 납을 아무 제한 없이 화장품에 사용했다. 우리나라에서도 한때 중국산 미백크림이 불티나게 팔린 적이 있다. 피부에 바르면 정말 얼굴이 하얗게 되고 기미 등의 잡티가 사라진다는 입소문이 퍼지면서 고가에도 불구하고 인기를 끌었다. 그러나 수은이 다량 함유되어 건강에 위해한 크림으로 밝혀지자 언론 매체에서도 "일정기간 바르면 수은중독에 노출되며 심하면 사망에 이를 수 있다"며 떠들썩하게 보도하기도 했다. 수은의 위험성이 다시 알려지면서 수은크림은 자취가 사라질 것으로 예상됐다. 그러나 이러한 소식을 접한 후에도 남대문 시장 등에서 아직도 수은크림이 암암리에 거래된다는 보도가 이어졌다. 피부를 탱탱하게 만들고 기미를 없애주는 효과 때문에 치명적인 문제가 있다는 사실을 알면서도 계속 수은크림을 찾는 사람이 있다는 얘기다.

현재의 파우더와 같은 백분과 연분은 피부를 희게 보이게 만들고 잡티를 가리기 위해 많이 사용했으며 주로 칡가루와 백토, 황토 등 흙이나 돌가루(활석)를 가공하거나 분꽃의 열매를 곱게 빻아 사용했다. '분(粉)'이라는 한자가 '쌀(米)'과 '가루(分)'로 이루어진 것에서 알 수 있듯 쌀가루와 곡물가루도 많이 이용되었다. 그러나 이러한 천연의 분은 부착력이 낮다는 결점을 가지고 있었다. 백분 화장을 하기 위해서는 먼저 얼굴에 난 솜털을 밀어 다듬고, 그 위에 물에 갠 백분을 바른 뒤 오랫동안 기다려야 했다. 백분이 피지를 한껏 흡수한 뒤 다시 분을 바르면 화장이 더 잘 먹기 때문이다.

분이 잘 스며들게 하는 다른 방법은 '분세수'다. 조선시대의 남성들도 했다는 분세수는 분을 물에 풀어 세수를 하는 것인데 그 흔적이 뚜렷이 남아 분단장을 한 것처럼 보였다고 한다. 그러나 이 역시 효과가 그리 오래 지속되지 않아 분가루에 납을 섞어 바르기 시작했다. 납 성분이 가미되면 분가루의 부착력을 높여 얼굴을 더욱 희게 만들 수 있었다. 이러한 분을 '연분'이라고 불렀다. 조선시대에 이러한 연분의 인기는 매우 높았다. 『조선왕조실록』에는 연산군 11년 장악원(掌樂院)에서 예기(五妓, 관기로 지원해 들어온 기생) 선발과 관련한 글이 있는데 여기 보면 "예기의 곱고 그렇지 않음을 분칠 때문에 정확히 식별할 수 없으니 다음 선발에서는 맨얼굴을 확인하여 진위를 가리라."고 명하고 있다. 이러한 연분의 인기는 1900년대 최초의 근대적 화장품 '박가분(朴家粉)'으로 이어진다.

한창 인기를 끌며 최초로 신문광고까지 한 박가분은 '항상 박가분을 바르시면 살빛이 고와지고 모든 풍증과 땀띠와 잡티가 사라지고 피부가 윤택해진다'며 홍보에 열을 올렸다. 하지만

'박가분'과 신문광고

박가분을 사용하던 기생들의 피부가 푸른빛으로 변하고, 눈에 경련이 일어나는가 하면 구토를 자주하는 등의 증상을 호소하기 시작했다. 부착력을 높이기 위해 사용한 납 성분 때문이었다. 「조선일보」에 박가분을 먹고 자살을 시도했다는 기생의 사연까지 전해지면서 결국 박가분은 납 성분의 문제점을 인정하고 판매가 중단된다. 우리가 흔히 쓰는 '화장독'이라는 말도 이때 생겨났다. 유럽 사교계에서 유명한 여성들도 화장품에 의한 납 중독으로 사망한 예가 적지 않다.

화장품, 이것만은 알아두자

화장품의 종류

우리가 일상 속에서 화장품으로 분류하는 제품은 생각보다 꽤 많다. 'cosmetic life'라고 부를 만큼 화장품 생활은 일상화되었으며 그 종류도 다양하다. 27세의 화장품 마니아 직장인 L양의 하루를 엿보자.

알람 소리에 눈을 뜬 L양은 씻기 위해 욕실로 직행한다. 오늘도 붐비는 지하철에서 앉아 가려면 서둘러 출근 준비를 해야 한다. 상큼한 샴푸 향에 잠을 깬다. '샴푸'와 '린스'로 머리를 감고 '클렌징폼'을 이용해 세안도 마쳤다. 피부가 당기기 전에 재빨리 '스킨'을 바르고, 점점 건조해져 가는 피부를 걱정해 구입한 '수분에센스'도 정성스럽게 바른다. '로션'과 피부를 환하게 만들어준다는 '화이트닝크림'으로 기초화장까지 마무리했다. 이제 메이크업 차례다. 아차, '피부의 적'이라는 자외선으로부터 피부를 보호하기 위해 '자외선차단제'도 잊어서는 안 된다.

자외선차단제를 바르고 메이크업을 시작한다. 피부를 도자기처럼 보이게 해준다는 물광 '프라이머'로 기초공사를 한 후 '비비크림'을 바른다. 피부 톤이 한결 정돈돼 보인다. 이제 스피드하게 진행해야 한다. 파우더로 피부를 살짝 눌러준 후, 케이크 타입의 '아이브로우'로 눈썹을 그리고 '아이섀도' '아이라이너' '마스카라'로 눈화장을 마친다. 다음 '하이라이트'로 얼굴에 음영을 주고, 복숭아 빛 '볼터치'로 볼을 생기 있게 표현하니 얼굴이 한결 입체적으로 보인다. '립스틱'과 '립글로스'를 이용해 입술화장을 끝내고 나니 모든 메이크업이 마무리됐다. 옷을 갈아입고 가방 속에 '핸드크림'과 피부가 건조할 때마다 뿌려 줄 '미스트', 수정을 할 때 필요한 립글로스 등의 메이크업 제품을 챙긴다. 신발을 신고 막 나가려는데 '향수' 뿌리는 것을 잊을 뻔 했다. 다시 방으로 들어가 귀밑과 손목 부위에 향수를 뿌리고 집을 나섰다.

이윽고 즐거운 퇴근시간이 돌아왔다. 이번 주 주말은 선배의 결혼식에 가야 한다. 파마가 풀리고 염색머리는 많이 자라있다. 서둘러 미용실로 향한다. 뿌리'염색'을 하고 '파마'도 했다. 시간이 길어지다 보니 네일아트도 받았다. 예쁘게 '매니큐어'가 칠

분류	사용목적	종류
기초화장품	세안	비누, 클렌징크림, 클렌징폼
	피부정돈	스킨(유연화장수, 수렴화장수)
	피부보호	로션, 에센스, 크림, 아이크림
	피부관리	팩, 앰플, 아로마오일, 마사지크림
메이크업 제품	베이스 메이크업	페이스 파우더, 파운데이션, 콤팩트
	포인트 메이크업	아이섀도, 아이라이너, 마스카라, 립스틱, 립글로스
	네일 메이크업	네일에나멜, 네일에나멜 리무버, 큐티클리무버, 네일크림
바디 제품	세정	바디클렌저, 폼베스
	보호	바디로션, 오일, 핸드크림
	미화	지방분해용 제품, 바디쉐이핑류, 바스트크림, 탈취제(데오드란트)
스포츠 레저용품	햇빛차단	자외선차단 크림, 자외선차단 로션
	선탠	선탠로션, 선오일
	피부진정	피부진정로션, 피부진정마스크
방향제품	향취	오데코롱, 오데퍼퓸, 향수
두발	세정	샴푸
	컨디셔닝, 트리트먼트	헤어린스, 헤어트리트먼트
	정발	헤어왁스, 헤어스프레이, 헤어무스
	퍼머넌트웨이브, 염색, 탈색	퍼머넌트웨이브로션, 염모제, 헤어블리치
	육모, 양모, 탈모, 제모	육모제, 양모제, 탈모제

화장품 분류표

해진 손톱을 보니 흐뭇하다. 바쁜 일정을 마치고 집으로 돌아온 L양은 '바디샴푸'로 샤워를 마치고, 얼굴보다 더 건조한 몸을 위해 '바디로션'을 바른다. 많이 피곤했지만 내일의 화장발을 위해 '시트팩'을 얼굴에 부치고 나서야 비로소 잠이 든다.

그녀가 하루 동안 이용한 화장품은 〈샴푸→린스→클렌징폼→스킨→수분에센스→화이트닝크림→자외선차단제→프라이머→비비크림→아이브로우→아이새도→아이라이너→마스카라→하이라이트→볼터치→립스틱→립글로스→핸드크림→미스트→향수→염색제→파마제→매니큐어→바디샴푸→바디로션→시트팩〉까지 미용실에 다녀온 것을 포함해 총 26가지나 된다.

위의 예를 통해 화장품의 범위가 단순히 얼굴에 바르는 스킨이나 로션, 메이크업 제품뿐만 아니라 우리가 생각하는 것 이상으로 꽤 넓은 영역을 차지하고 있음을 확인할 수 있다. 매니큐어, 리무버 등을 포함한 네일메이크업 관련 제품과 파마약, 육모제, 왁스, 스프레이와 같은 두발용품, 체취를 억제하는 데오드란트도 화장품의 범위 안에 포함된다. '인체를 청결, 미화해 매력을 더하고 용모를 밝게 변화시키거나 피부, 모발의 건강을 유지하고 증진하기 위해 인체에 사용되는 물품으로써 인체에 대한 작용이 경미한 것'이라는 화장품법에서의 정의처럼 인체를 청결하게 하고 아름답게 만들어 매력을 더하는 제품은 모두 화장품이라는 범주 안에 포함될 수 있는 것이다.

피부를 닮은 화장품

세상에서 가장 훌륭한 화장품은 무엇일까? 바로 '제3의 뇌'라고 불리는 '피부'와 가장 흡사하게 만들어진 화장품이다. 인체의 각 기관은 정교한 프로그램에 따라 각자 고유한 임무를 수행한다. 피부는 단순히 인체를 싸고 있는 포장지가 아니라 스스로 수분과 피지를 보충하는 아주 똑똑한 기관이다. 또 태양광선 아래서 스스로 자외선차단제를 만들어 피부의 산도를 최적으로 유지시키고, 여드름과 같은 염증 유발에 대처하는 방어프로그램도 지니고 있다.

화장품은 이러한 피부를 그대로 모방했다. 수분과 유분, 보습성분, 각종 생리활성성분 물질들을 동식물의 추출물, 동물성·식물성 왁스 그리고 광물 등에서 얻거나 화학합성을 통해 화장품에 적용하고 있다. 이러한 성분들을 잘 섞어 스킨이나 로션, 크림 등과 같은 제형을 만들고, 처음의 상태를 그대로 유지하며 실온에서 장기간 보존이 가능한 화장품으로 만들기 위해 기타 성분들이 추가된다.

화장품의 10대 성분

정제수

화장수와 크림, 로션 등 대부분의 화장품에 사용되는 물은 정제수를 사용한다. 미생물에 노출되거나 세균에 오염된 물은 피부건강에 문제를 일으키고, 칼슘이나 마그네슘 같은 금속이온이 함유된 물은 모공을 막거나 모발에 끈끈하게 부착될 수 있어 증류법이나 이온교환수지법(ion交換樹脂法)을 이용해 정제한 후 사용한다.

유성원료(오일류)

화장품에 사용되는 유성원료는 피부를 부드럽게 하는 동시에 피부 표면의 수분증발을 억제해 피부건조 및 거칠음을 예방, 피부보습의 중요한 역할을 한다. 유성원료는 자연에서 얻어진 천연오일과 합성을 통해 얻어진 합성오일로 구분된다.

천연오일에는 식물성오일과 동물성오일, 광물성오일이 있다. 식물성오일은 피부친화성이 좋고 경피 흡수가 잘 되어 피부의 거칠음, 건조 등을 개선하는 데 우수하며 생리활성물질이 포함되어 피부건강에 유익하다. 그러나 불포화결합이 많아 쉽게 산패, 변질되는 단점을 가지고 있다. 식물성오일의 종류에는 올리브유, 맥아유, 해바라기오일, 스위트아몬드오일, 아보카도오일, 코코넛오일, 살구씨오일, 그레이프시드오일, 마카다미아오일, 카멜리아오일, 카카오버터 등이 있다.

동물성오일은 식물성오일에 비해 피부친화성과 피부침투력이 더 높아 활성물질의 침투가 우수하다. 피부 거칠음, 건조 등을 개선하는 효과가 훌륭하고, 특히 노화피부에 효과를 발휘한다. 그러나 알러지를 유발할 수 있는 단점을 가지고 있다. 동물성오일의 종류에는 밍크오일(피부재생), 퍼세린오일(purcellin oil: 새의 깃털에서 추출한 오일, 피부장벽개선), 스쿠알렌, 에뮤오일(emu oil, 강한 항염효과) 등이 있다.

광물성오일은 대부분 석유에서 얻어지는데 투명하고 무색, 무취하다. 피부 표면에 잘 퍼지고 성질이 안정되어 메이크업 제품, 클렌징 제품에 많이 사용된다. 산패나 변질의 문제가 없으나 피부에 거의 흡수되지 않으며 피부 호흡을 방해할 수 있다. 광물성오일의 종류에는 고형파라핀, 유동파라핀(미네랄오일), 세레신(ceresin), 바세린 등이 있다.

합성오일은 화학적으로 합성한 오일로 천연오일에 비해 끈적임이 없고 사용성과 화학적 안정성이 높다. 매끄러우며 광택이 나는 특성이 있고 방수성도 좋다. 합성오일의 종류에는 실리콘오일, 에스터오일(ester oil) 등이 있다.

유성원료(왁스류)

왁스는 기초화장품이나 메이크업 제품에 널리 사용되는 성분으로 동물성왁스와 식물성왁스, 합성왁스로 구분된다.

식물성왁스는 열대식물의 잎이나 열매에서 추출되는데 카나우바(Carnauba)왁스, 칸데릴라(Candelilla)왁스, 호호바(Jojoba)오일, 시어버터(Shea Butter)가 포함된다. 특히 시어버터는 피부침투력이 우수하고 건조한 피부를 부드럽게 해서 핸드크림, 바디크림, 립밤에도 사용하며 얼굴용 밤(balm) 제품을 만들 때도 사용한다. 상처 치유에도 효과적이다.

동물성왁스에는 벌집에서 추축되는 밀랍(bees wax)과 양털에서 추출되는 라놀린(lanolin), 고래의 머리 부분에서 추출되는 경랍(spermaceti) 등이 있다.

합성왁스로는 이소프로필 카프릴레이트, 이소프로필 미리스테이트, 이소프로필 팔미테이트, 옥타닐 카프릴레이트, 옥타닐 미리스테이트, 옥타닐 팔미테이트 등이 있다.

알코올

알코올은 휘발성이 있어 청량감을 주고 피부의 각질층을 수축시키는 수렴작용이 있다. 화장수와 헤어토닉, 향수 등에 사용된다. 배합량이 높아지면 살균과 소독작용이 우수해진다. 화장품에 사용되는 알코올은 술을 만드는 데 쓰는 에탄올과 다르다. 메탄올과 부탄올, 페놀과 같이 변성제를 첨가한 변성에탄올이 대부분이다. 요즈음에는 피부자극이 심해 기초화장품에서는 잘 사용하지 않는 추세다.

보습제

보습제는 피부의 건조를 막고 피부를 촉촉하게 유지시키는 성분으로 크게 3가지 종류로 나뉜다. 글리세린, 프로필렌글리콜, 부틸렌글리콜과 같은 폴리올류와 아미노산, 무기염, 젖산염과 같은 천연보습인자 그리고 콜라겐, 히아루론산염, 콘드로이친황산염과 같은 고분자보습제 등이 있다. 콘드로이친황산염은 2011년 우리나라에서도 큰 인기를 끈 달팽이 화장품이 핵심 성분이다. 화장품에서 가장 널리 사용하는 보습제는 '글리세린(glycerin)'과 '프로필렌글리콜(propylene glycol)'이다.

활성성분

활성성분은 미백, 주름, 탄력, 자외선 차단 등과 같이 특정한 목적을 지닌 성분으로 화장품 회사들이 광고 등을 통해 강조하는 성분들이기도 하다. 레티놀, 알부틴(arbutin) 등과 같은 기능성분들과 각종 동식물 추출물에서 얻어진 성분들은 실제 효과가 있는지의 검증과 함량이 얼마나 포함되어 있는지를 확인하는 것이 중요하다. 아데노신(adenosine)의 경우도 일정량 이상을 넣어야 화장품으로써 효과를 볼 수 있다.

계면활성제

화장품 제조의 주요 성분인 물과 기름을 함께 섞기 위해서는 계면활성제가 필요하다. 계면활성제는 서로 성질이 다른 물질의 두 상(phase) 사이의 힘을 깨뜨린다. 그래서 오일과 물뿐만 아니라 물과 분말, 오일과 분말을 섞기 위해서도 계면활성제를 사용한다. 화장품 제조 시 반드시 필요한 성분이지만 피부자극이 크고, 건강에 대한 여러 위해성이 보고되고 있어 천연계면활성제의 연구와 개발이 진행되고 있다.

방부제

화장품은 짧게는 1개월, 길게는 1년 이상 사용하는 제품이다 보니 사용 중 미생물로 인한 오염, 부패가 진행될 수 있어 방부제를 첨가한다. '보존제'라고도 불리는 방부제는 미생물의 증가를 억제하는 물질로 배합량이 많으면 피부 트러블을 유발시켜 배합량의 한도가 정해져 있다.

가장 많이 사용되는 방부제는 파라벤류, 페녹시에탄올, 이미다졸리디닐우레아, 디엠디엠하이단토인 등이 있으나 이런 합성방부제 역시 건강에 대한 위해성이 보고되고 있어 천연방부제로 대체하는 경우가 늘고 있다.

산화방지제

화장품의 대부분은 물과 기름이 70~80% 이상을 차지하고 있어 공기와 열, 자외선, 유기금속화합물 등에 의해 산화될 수 있다. 그래서 이를 방지하고 안정화시키기 위해 산화방지제가 사용된다. 화장품에 가장 많이 사용되는 성분으로는 레시틴과 토코페롤, 아스코르빅애시드(Ascorbic Acid)와 같은 천연산화방지제, BHA와 BHT 같은 합성산화방지제가 있다.

색소

색소는 크게 염료와 안료로 구분된다. 염료는 물 또는 오일에 녹는 색소로 화장품의 내용물에 적당한 색상을 부여하기 위해 사용된다. 사랑스러운 분홍색 스킨이나 여름에 시원한 청량감을 주는 파란색 스킨이 바로 이러한 색소로 만들어진다. 메이크업 화장품은 주로 물과 오일에 녹지 않는 무기안료와 유기안료를 적절히 혼합해 만든다. 천연색소는 불안정해 빛과 산소에 노출되면 쉽게 변색이 되므로 대부분의 화장품에는 타르색소(합성색소)를 사용한다.

화장품의 주성분과 엑스트라 성분

TV에서 초특급 여배우가 화장품 광고를 하고 있다. 30대임에도 20대의 외모를 유지하고 있는 이 여배우는 자신의 동안 피부가 마치 이 화장품의 마법 때문인 것처럼 '최첨단 과학이 집약된 획기적인 OO성분을 넣었다'는 말로 이 크림을 소개하고 있다. 광고를 보고 있자니 여배우처럼 나에게도 마법이 일어날 수 있을 것 같다. 당장 달려가 그 크림을 사고 싶은 마음이 든다. 그런데 알고 보니 화장품 속에 포함된 그 획기적인 성분의 양은 겨우 0.01%에 불과하고, 반면 화장품의 50% 이상을 차지하는 유성오일은 저가의 질 나쁜 재료를 사용했다고 한다. 과연 이 화장품은 피부에 좋을까, 나쁠까?

좋은 화장품을 결정짓는 첫 번째 중요한 요인은 '어떤 재료로 만들었느냐'이고, 두 번째로 살펴보아야 할 것은 '주재료가 무엇이냐'이다. 가만 보면 음식을 고를 때와 별반 다르지 않다. 주재료는 화장품의 질(quality)을 결정한다. 가장 많이 포함되어 있는 성분, 화장품의 몸체를 이루는 성분이 중요한 것은 당연할 수밖에 없다. 그들이 바로 화장품의 주인공이기 때문이다. 영화에서 조연과 엑스트라들이 아무리 훌륭하다 할지라도 그들은 감초 역할에 불과하다. 주연의 비중을 따라갈 수는 없는 것이다. 활성성분이 아무리 피부에 이롭다 해도 감초 역할을 하는 성분들이 베이스 성분의 중요도를 넘지는 못한다.

화장품의 기본 몸체를 이루는 3대 성분은 물과 오일류, 왁스다. 따라서 화장품의 90% 이상을 차지하는 물과 오일, 왁스를 주의 깊게 살펴야 한다. 화장품의 질은 이들이 결정한다. 그래서 히말라야 고원에서 채취했다는 추출물 또는 호주 청정지역에서 재배했다는 처음 들어보는 식물의 엑기스보다 어떤 물과 오일을 사용했는지에 초점을 맞춰야 한다.

대부분의 화장품은 물과 오일이 80% 이상을 차지한다. 좋은 오일과 좋은 물로 만든 화장품이 진짜 좋은 화장품이 될 수 있다. 화장품의 성분에도 유행이 있고, 시대·사회적으로 주목받는 성분들이 따로 있다 보니 마케팅의 일환으로 화장품 성분이 이용되기도 한다. 와인이 유행하니 와인 성분의 화장품이 나오지 않았던가? 화장품의 몸체를 이루는 '주성분'이 무엇인지 알아보기는 어렵지 않다. 화장품의 단상자(포장상자), 속지 또는 제품 자체에 표기되어 있는 '전성분표시'를 보면 알 수 있다. '전성분표시제'는 화장품에 제조된 모든 성분을 표기하도록 의무화한 제도다. 과거 표시지정성분(한때는 화장품의 유효성분으로 오해하시는 분들이 있었으나 실제는 알러지와 같은 문제를 일으킬 수 있어 주의를 요구하는 성분)만 의무 표기하는 것에서 확대된 제도다.

미국은 1977년, 유럽(EU)은 1997년, 일본은 2001년, 우리나라는 조금 늦었지만 2008년부터 전성분표시제를 시행하고 있다. 전성분표시제는 소비자의 알권리를 위해서도 필요하지만 기존의 화장품 구매패턴이 바뀔 수 있는 획기적인 제도다. 전성분표시제 이전에는 화장품 회사에서 광고하는 내용이 우리가 화장품을 통해 알 수 있는 정보의 전부였다. 화장품 회사는 감추고 싶은 성분은 빼고, 강조하고 싶은 성분만 부각시킬 수 있었다. 상황이 이렇다 보니 소비자의 심리가 '이 화장품은 무슨 성분으로 만들었을까?'가 아니라 '이 화장품은 어느 여배우가 광고했지?' 또는 '이 화장품 비싼 거야?' 등으로 이어져 본질에서 멀어지고 말았고, 구매패턴에 있어서도 광고와 마케팅의 힘이 크게 좌지우지하는 실정이었다. 그러나 이제는 화장품의 성분을 모두 표기하도록 의무화함으로써 광고에서 이야기한 성분들이 실제 들어갔는지 또는 비싼 화장품이 실제 고가의 재료들을 사용하고 있는지를 확인할 수 있게 됐다. 또 특정 성분에 알러지가 있는 사람들이 화장품을 고르기가 수월해졌고, 여드름이 있는 경우 여드름을 유발하는 화장품 성분들을 피해 사용할 수 있게 됐다.

식품의 원산지를 따지듯 이제 화장품도 성분을 확인하고 고르는 현명함이 필요하다. 그리고 더욱 중요한 점은 '화장품의 배열순서'를 파악하는 일이다. 전성분표시제는 가장 많이 들어간 순서로 배열한다. 화장품 광고에서 도자기 피부를 만들어준다고 했던 성분이 전성분표시의 맨 끝 언저리쯤 위치하고 있다면 대부분 0점대 미만의 양이 첨가되었을 거라 짐작할 수 있다. 또 고가의 화장품 전성분표시의 앞쪽에 저가의 광물성오일이 첨가되어 있으면 그 화장품의 가격은 거품이 많다고 추측해볼 수 있다.

(가장 많이 포함된 성분 순서로 나열되는 것이 원칙) 정제수, 티타늄디옥사이드, 하이드롤라이즈드콜라겐, 사이클로펜타실록산, 페닐트리메치콘, (중간 생략) 디메치콘/비닐디메치콘크로스폴리머, 디메치콘, 토코페릴아세테이트, 부틸파라벤, (전성분 표시제에서 1% 미만의 성분들은 순서에 상관없이 기재하는 것이 허용되어 있다. 부틸파라벤은 배합 한도가 0.1% 미만이므로 이 근처에 있는 성분들은 1% 미만이 포함되었음을 알 수 있다.) 클로로페네신, 트리에톡시카프릴릴실란, 디메치콘/메치콘코폴리머, 포도씨오일, 호호바씨오일, 아데노신, 프로필렌카보네이트, 디소듐이디티에이, 하이드롤라이즈드밀단백질/피브이피크로스폴리머, 다래나무즙, 괄루근추출물, 수세미오이열매추출물 (천연 성분이 맨 끝에 위치한 것으로 보아 아주 소량이 포함되었음을 유추할 수 있다.)

에센스와 로션 그리고 크림의 차이

매끄럽고 탱탱하며 뽀얀 피부는 유분과 수분이 일정하게 균형을 유지하고 있는 건강한 피부가 전제되지 않으면 불가능하다. 그러나 지구온난화 같은 환경의 변화, 기온, 자외선, 실내 환경, 신체의 변화, 스트레스 등 수많은 주변 상황들이 피부 유·수분의 균형을 무너뜨려 피부를 점점 건조하게 만든다. 피부는 충분한 수분과 유분을 유지하고 있어야 부드럽고 촉촉하다. 그래서 피부의 이러한 유·수분 부족현상을 해결하기 위해 물과 기름을 주성분으로 한 에센스와 로션, 크림 등의 화장품이 필요하다. 이들은 약간의 차이가 있지만 같은 목적을 위해 사용된다. 로션과 크림의 기본성분은 같으며(일부 제외) 유동성이 있는 것을 '로션', 유동성이 없는 것을 '크림'이라고 부른다.

로션

로션은 수분이 60~80%이고 점성이 낮은 묽은 유동액 형태(emulsion)다. 유분함량이 3~8%이면 스킨에 가까운 로션, 유분함량이 10~20%이면 모이스처 로션과 밀크 로션, 유분함량이 20~30%면 에몰리언트(emollient) 로션으로 분류된다. 로션은 크림에 비해 유분함량이 적어 사용감이 가볍고, 여름철이나 피지 분비가 많은 젊은 층에 적당하다.

크림

유동성이 적은 크림 타입으로 로션에 비해 유분함량이 높아 피부의 보습, 유연, 보호기능이 높다. 유분이 많아 장시간 바르고 있을 경우 피부 트러블을 일으킬 수 있다. 유분함량 50% 이상은 유성크림, 30~50%를 중유성크림, 10~30%를 약유성크림이라고 부른다.

기능별로 영양크림, 수분크림, 데이크림, 나이트크림, 안티링클(anti-wrinkile)크림, 화이트닝크림, 아이크림 등 많은 제품이 출시되고 있다. 이중 대표적인 영양크림은 피부에 음식처럼 영양을 공급하는 것이라 착각할 수 있는데 피부에 영양을 공급하는 일은 혈액을 통해서만 가능하다. 피부유연성분과 피부재생성분이 포함되어 있는 크림으로 나이트크림이나 리바이탈라이징(revitalizing)크림으로도 불린다.

에센스

에센스는 다른 명칭으로 세럼(serum), 미용액, 컨센트레이트(concentrate)로 불리기도 하며 피부보습 성분이나 미백 성분과 같은 성분을 고농축으로 함유한 제품을 말한다. 유분이 많은 화장품을 발라 피부 표면이 번들거리는데도 불구하고 피부가 당기는 경우처럼 표피가 탈수되어 생기는 증상에 일정 기간 사용할 수 있다. 스킨 타입의 에센스는 산뜻한 사용감이 있고 다량의 보습제가 배합 가능하나 피부유연 효과가 떨어지고, 로션 타입의 에센스는 유성성분과 수성성분의 배합이 쉬우나 기존 로션과의 차별성이 떨어지며 크림 타입의 에센스는 다량의 유용성 성분이 배합되어 피부유연 효과가 우수하나 일반 크림 제형과 차별성이 적다.

에센스와 로션, 크림은 피부에 유분과 수분을 공급한다는 같은 목적으로 만들어졌기 때문에 일반적으로 알고 있는 화장품의 이용 순서대로 스킨 다음에 에센스→로션→크림을 모두 바를 필요는 없다. 기본목적이 같기 때문에 자신의 피부 유·수분 상태에 따라 한 종류만 발라도 충분하다. 바를 때의 느낌 차이는 있겠지만 에센스와 로션, 크림은 제형과 질감을 만드는 성분을 제외하면 대부분의 성분이 동일하다. 화장품 제조 시 점성에 따라, 유성성분의 양에 따라 로션이 될 수도 있고 크림이 될 수도 있다.

기능성화장품

화장품의 4대 요건은 안전성, 안정성, 사용성, 유효성이다. 화장품은 인체에 무해한 '안전한' 성분으로 일정 시간이 지나도 변색, 변취 되지 않는 '안정성'이 확보된 제품을 가지고 소비자가 사용하기 편리하고 '사용성' 있게 만들어야 하며, 화장품으로서의 효능과 효과를 기대할 수 있는 '유효성'이 있는 제품으로 만들어야 한다.

1990년대 과학의 발전과 함께 화장품의 효과에 대한 기대가 커지면서 유효성에 대한 연구도 활발히 진행되고 있다. 그래서 인기를 끌고 있는 것이 '기능성화장품'이다. 화장품 매장에 가면 '기능성화장품'이라는 단어가 들어가 있는 화장품을 쉽게 찾을 수 있다. 기능성화장품은 '기능성'이라는 단어가 주는 기대가 큰 만큼 가격도 고가인 경우가 많아 보통 일반 화장품과의 차별성을 기대하게 된다. 우리나라에서 기능성화장품은 식약청에서 '기능성화장품'을 인증하는 방식으로 운영되고 있다. 2000년대부터 화장품법이 약사법으로부터 분리·제정되어 화장품법에 따라 기능성화장품 제도가 시행되고 있다.

기능성화장품에 사용되는 원료는 미백화장품의 경우 닥나무추출물, 알부틴, 에칠아스코빌 에텔, 유용성 감초추출물, 아시코빌글루코사이드, 마그네슘아스코빌 포스페이트, 나이아신아마이드, 알파-비사보롤, 아스코빌테트라이소팔미테이트 등 8종, 주름개선 화장품의 경우에는 레티놀, 아데노신, 폴리에톡실레이티드 레틴아마이드, 레티닐 팔미테이드 등 4종, 자외선차단화장품의 경우에는 글리세릴 파바, 드로메트리졸, 다갈로일 트리올리에이트 벤조페논-3, 벤조페논-4 등 총 29종이 고시되어 사용된다.

기능성화장품에 고시된 지정성분을 일정 농도의 비율로 배합하고 지정된 제형으로 혼합하면 기능성화장품 인증을 받을 수 있다. 만약 미백기능성화장품 인증을 받으려면 닥나무추출물 같은 지정성분을 지정된 농도인 2.00% 화장품에 배합해 지정된 로션제, 액제, 크림제 등의 제형으로 만들어야 기능성 인증을 받을 수 있다. 기능성화장품의 원료로 고시된 유효성분들은 화학적으로 수분과 산소, 열 등에 취약해 변질 가능성이 높기 때문에 이러한 성분들을 화장품에 적용하기 위해서는 특정 제형화 기술이 필요하다.

기능성화장품 제도는 사전심사제도로 정기적인 품질관리와 규격화된 절차에 의해 품질향상에 도움을 줄 수 있고, 소비자

〈기능성화장품〉이라 함은 화장품법 제2조 2항에 규정한 화장품으로

① 피부의 미백에 도움을 주는 제품

- 피부에 멜라닌 색소가 침착하는 것을 방지하여 기미, 주근깨 등의 생성을 억제함으로써 피부의 미백에 도움을 주는 기능을 가진 화장품

- 피부에 침착된 멜라닌 색소의 색을 엷게 하여 피부의 미백에 도움을 주는 기능을 가진 화장품

② 피부의 주름 개선에 도움을 주는 제품

- 피부에 탄력을 주어 피부의 주름을 완화 또는 개선하는 기능을 가진 화장품

③ 피부를 곱게 태워주거나 자외선으로부터 보호하는 데 도움을 주는 제품

- 강한 햇빛을 방지하여 피부를 곱게 태워주는 기능을 가진 화장품

- 자외선을 차단 또는 산란시켜 자외선으로부터 피부를 보호하는 기능을 가진 화장품

기능성화장품의 정의

에게도 검증된 기준을 제시할 수 있다는 장점이 있다. 그러나 적용범위가 피부미백, 주름개선, 선탠과 자외선차단에만 한정되어 있어 소비자들의 혼란을 줄 수 있는 범위(여드름 같은 경우)에는 적용되지 않아 아쉽다. 또 지정된 성분만이 기능성 인증을 받을 수 있는 한계가 있고, 실제 기능성화장품의 이름만큼 확실히 기능을 발휘하는가에 대해서는 의견이 분분하다. 단순히 화장품 회사의 마케팅 전략의 일환으로 이용되는 경우도 있어

화장품 안전성과 유효성 검사를 더욱 강화하는 추세다.

　약간의 차이는 있지만 미국과 일본도 우리나라의 기능성화장품 제도와 비슷한 제도를 운영한다. 미국은 'OTC(Over The Counter Drug)', 일본은 '의약부외품'으로 분류하고 있는데 국내처럼 미백, 주름개선, 자외선차단으로 한정하지 않으며 기능성화장품의 범주를 특별히 규정하고 있지도 않다. 유럽연합(EU)의 경우 기능성화장품 제도가 없이 의약품과 화장품으로 만 분류하며 'Cosmetic Directive'에 따른 안전성 자료만 충족시키면 아무런 규제를 받지 않고 있다.

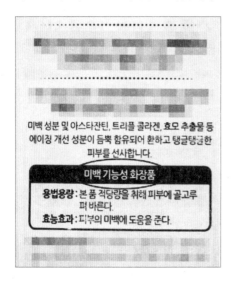

미백 제품의 경우, 우리나라와 미국에서는 기능성화장품(OTC)과 일반 화장품 모두 출시되는 반면 일본은 의약부외품(기능성화장품)으로만 제품을 출시할 수 있다. 식약청에서 기능성 인증을 받은 경우 옆의 사진과 같이 표기 할 수 있다.

피부가 우선, 화장은 그 다음

당신 피부의 성격

아무리 예쁜 신발도 내 발에 맞지 않으면 소용없듯 아무리 좋은 화장품도 현재 내 피부에 맞지 않으면 소용없을 뿐 아니라 오히려 피부를 상하게 만들 수 있다. 크게 마음먹고 구입한 고가의 화장품이 여드름을 유발하는 등 자신의 피부와 잘 맞지 않아 속상했던 경험, 친구에게는 물광 피부를 만들어 주었다던 촉촉 수분크림이 나에게는 아무 소용이 없었던 경험, 또는 여태까지 아무 문제없던 화장품이 갑자기 알러지를 유발하는 경우 …… 이런 일들이 종종 일어나지 않는가?

이 모든 문제의 원인은 자신의 피부 타입을 한 가지 타입으로 고정하는 데서부터 출발한다. 즉, 비싼 화장품은 모든 피부에 좋을 것이고 당연히 내 피부에도 잘 맞을 것이라는 환상, 친구의 피부와 내 피부는 동일할 것이라는 착각, 자신의 피부는 항상 고정되어 있어 10대부터 지성(脂性) 피부였으면 앞으로도 쭉 지성 타입이 될 것이라는 오해 등을 가지고 있는 것이다. 이런 환상과 착각, 오해는 화장품 회사만 배불린다.

얼굴에 여드름이 올라와 A양은 종종 피부관리실을 찾았는데, 여기서 피부가 지성 타입이고 과다 각질이 쌓였다면서 해초박피(海草剝皮)를 권했다고 한다. A양은 자신의 피부가 지성 타입이라는 확신을 갖고 지성용 화장품을 사기 위해 화장품 매장을 찾았다. 그런데 화장품 매장 직원은 A양의 피부가 수분이 너무 모자라는 건성 피부라고 하면서 악건성용 수분크림을 추천해주었다고 한다. 혼란스러워진 A양은 자신의 피부 타입을 확실히 알아보기 위해 피부과를 찾았다. 여기서 '예민피부'라는 진단이 나왔고, 모세혈관을 튼튼하게 해줄 수 있는 IPL(Intense Pulsed Light)을 권했다. '피부 전문가'라고 자부하는 모든 사람들이 한 사람을 두고 각자 다른 이야기를 하고 있다. 과연 A양의 피부 타입은 무엇일까? 누구 말이 맞고 누구 말이 틀린 것일까? A양은 지성이기도 하고 건성이기도 하면서 거기다 예민하기까지 한 엄청난 문제를 안고 있는 피부인가? 사실 이들의 말은 모두 맞기도 하고 틀리기도 하다.

줄기세포로부터 분화되어 평균적으로 1만 7천 제곱센티미터의 면적을 덮고 있는 우리 몸에서 가장 큰 기관인 '피부'는 단순한 물리적 갑옷 이상의 기능을 담당하고 있는 살아있는 세포다. 또 피부는 사계절의 변화를 겪으며 자동차 배기가스가 넘치는 숨 막히는 도시 속에 있다가 갑자기 물 좋고 공기 좋은 산 속에 있을 수도 있으며, 건조한 실내에 있다가 몹시 습한 사우나 안에 들어가는 등 상당히 변화무쌍한 환경에 노출되어 있다. 우리 감정이 수시로 변화를 겪는 것처럼 피부도 시시각각 변하는, 살아있는 기관이기 때문이다. 그래서 우리는 자신의 피부 타입을 따지기 이전에 타고난 물리적인 배경(선천적 요인)과 주위 환경, 기분, 몸 상태에 따라 변화하는 자신의 피부 성격부터 알아야 한다.

선천적인 요인으로는 자신에게 유전 정보를 전달해준 부모의 피부 상태가 중요한 정보를 전달해 줄 수 있다. 어머니나 아버지가 여드름이 있었는지, 기미나 주근깨가 있었는지, 있다면 어떤 시기에 발생했는지 또는 주름이 어떤 부위에 언제부터 생겼는지 등의 정보는 우리가 피부 관리를 해나가는 데 있어 일차적으로 훌륭한 지침서가 될 수 있다. 좀 더 크게 나누면 동양인과 서양인, 남자 피부와 여자 피부의 차이도 구분이 된다. 동양인과 서양인은 육안으로 봐서 알 수 있듯 피부의 색깔은 물론 기본적으로 물리적인 두께의 차이를 보인다. 피부노화와도 직접적인 연관을 가지고 있는 피부의 두께는 매우 중요하다. 서울대 의대의 연구 결과, 한국인(동양인)은 표피가 차지하는 비중이 전체 피부 두께의 8.3%로 서양인인 코카시언의 평균치 4.2%보다 두 배나 높다고 한다.

피부는 피부의 껍질에 해당하는 '표피'와 그 밑에 있는 '진피' 그리고 '피하지방'으로 나뉜다. 우리가 눈으로 볼 수 있고 만질 수 있는 피부는 최상위층의 표피다. 우리는 표피를 보고 "우와, 저 사람 피부 좋다." 또는 "도자기 피부 같네." 등으로 표현한다. 그만큼 표피는 중요하다. 유전적으로 동양인의 표피가 서양인에 비해 두꺼운 것은 행운이다. 실제로 40대의 서양인은 50대의 동양인과 피부가 비슷해 보일 정도로 피부노화 속도가 빠르다. 나이대별 차이도 있겠지만 60대 정도까지는 동양인의 피부가 서양인에 비해 노화가 느려 같은 연령대의 서양인에 비해 더 어려 보인다. 표피가 두꺼우면 피부가 두꺼운 옷을 입은 것처럼 자외선을 차단하는 효과가 더 뛰어나다. 그래서 햇빛으로부터의 피부손상을 최소화 할 수 있고, 실제 피부의 탄력도 더 좋다. 얇은 피부는 잔주름이 더 많이 생기고 건조하고 예민한 편이다. 따라서 화장품 회사에서도 인종별, 나라별로 피부를 연구해 화장품을 만들고 있다. 해외 유명브랜드 화장품이라고 해서 무조건 좋다고 이야기 할 수는 없는 것이다. 기본적으로 한국인 피부의 특성을 잘 파악한 화장품인지 아닌지가 더 중요하다.

남성과 여성의 피부도 다르다. 남성은 여성에 비해 피부 두께가 두꺼우나 피부를 곱게 만들어 주는 여성호르몬의 분비가 적고, 자외선에 대한 노출 빈도가 높아 대체적으로 여성의 피부가 남성의 피부보다 좋다. 그러나 50대 전후로 오는 폐경기 이전까지 여성이 남성보다 피부노화의 속도가 더디다가 폐경기 이후 여성의 피부노화 속도가 남성보다 세 배 이상 빨라진다. 그래서 여성은 50대 전후의 피부 관리가 상당히 중요하다. 보통 "갑자기 확 늙은 것 같다."는 이야기를 듣는 때가 바로 이 시기이며 자칫 잘못하면 여성에서 할머니로 변화되는 시기이기도 하다. 이는 여성호르몬의 영향이다. 따라서 30~40대를 지나면서 여성호르몬의 변화와 함께 피부 상태의 변화를 경험하기도 한다.

이러한 물리적인 요인이라는 유전적인 토대 위에서 자신의 피부 성격을 파악해야 한다. 자신의 피부가 언제 건조해지고 붉어지는지, 언제 안색이 바뀌고 어떤 경우에 다크서클이 짙어지는지, 언제 피부에 탄력이 감소하는지 잘 살펴야 한다. 또 주름이나 기미, 색소침착을 만드는 생활환경이 조성되지는 않는지도 점검해야 한다. 이러한 모든 요건들이 당신의 피부 성격을 만든다. 그래서 피부를 단순히 지성이나 중성이나 건성이나 세 부류의 타입만으로 한정짓는 것은 옳지 않다. 하루에도 수시로 변화하는 피부를 한 가지 타입으로 한정짓기보다 피부 변화에 주의를 기울이고, 피부 성격을 그때그때 파악하는 것이 중요하다. 피부의 즉각적인 요구에 있어 화장품은 피부의 온도를 변화시키고 유·수분을 보충해 주는 등 잘만 사용하면 피부를 돕는 훌륭한 도구가 될 수 있다.

화장품보다 더 똑똑한 피부

같은 동갑내기라 하더라도 어떤 사람은 뽀송뽀송하고 탱탱한 피부를 자랑하고, 어떤 이는 거친 피부에 커 보이는 모공 때문에 마음을 상하기도 한다. 피부의 이러한 문제는 화장품을 바꿔보고 피부과를 다녀 봐도 그때뿐, 다시 원래 자신의 피부로 돌아가 실망하는 경우도 종종 보았을 것이다. 실제 우리가 도자기 피부를 가지고 있든 여드름 피부를 가지고 있든 우리의 피부 상태를 결정하는 것은 바로 자신의 피부 자체다. 피부 스스로 윤기가 흐르는 물광 피부를 만들기도 하고 문제 피부를 만들기도 한다. 피부는 자신에게 필요한 모든 것을 스스로 만들고 생산하기 때문이다. 그러니 세상에서 가장 똑똑한 화장품은 피부의 구성 물질을 그대로 모방한 화장품이 아니겠는가!

똑똑한 피부는 자신의 피부와 가장 잘 맞는 맞춤형 화장품을 이미 준비하고 있고, 생산할 수 있는 시스템도 갖추고 있다. 수분이나 유분이 부족하고, 주름을 만들고, 기미가 곧 올라올 거라 생각하면서 우리는 피부를 무능한 기관으로 오해하지만 피부는 화장품보다 훨씬 똑똑하다. 피부는 촉촉함을 유지하기 위해 우선 수분을 생산해낸다. 표피의 가장 아래층에서 탄생한 세포는 점점 납작해져 피부의 가장 바깥층으로 이동한다. 바깥층에 도달하게 되면 세포 속의 핵이 사라지는데 그 전에 '케라토히알린(keratohyalin)'이라는 과립을 만든다. 이 과립은 각질층에서 완전히 분해되어 다시 천연보습인자(Natural Moisturizing

Factor)를 만든다. 화장품의 성분으로 많이 사용되는 천연보습인자 성분에는 아미노산, 무기염, 피롤리돈 카르본산염, 젖산염, 요소가 있다.

또 피부에는 스페셜케어 크림인 피지샘이 존재한다. 피지샘에서 분비되는 피지는 순수한 기름인 스쿠알렌, 왁스에스테르, 트리글리세라이드로 화장품 원료에도 많이 응용되는 성분들이다. 얼굴은 감정을 전달하는 표정근이 발달해 움직임이 많을 수밖에 없고, 이러한 움직임이 다양한 방향에서 반복되면 피부는 닳아빠진 가죽처럼 될 수 있다. 하지만 피지샘 덕분에 피부의 광택을 유지하며 부드럽게 관리될 수 있다. 손바닥과 발바닥을 제외한 몸 전체에 피지샘이 존재하지만 얼굴에 가장 많이 존재하는 이유이기도 하다.

피부는 자외선으로부터 스스로를 보호할 수 있는 시스템을 갖추고 있고, 그러한 성분을 스스로 생산한다. 먼저 피부 표면의 각질층은 피부에 도착한 자외선을 난반사시킨다. 반사되지 않고 각질층을 침입한 자외선은 각질층 속 케라틴에 의해 흡수되면서 걸러진다. 이마저도 통과한 자외선은 유극층의 멜라닌이나 케라토히알린 등의 단백질에 의해 흡수된다. 멜라닌은 피부를 검게 만들고 여러 가지 색소침착을 일으키지만, 중요한 유전 정보를 담고 있는 DNA가 들어 있는 세포의 핵에 우산과 같이 펼쳐져서 세포를 보호하는 중요한 역할을 한다. 자외선은 많이 알려진 것처럼 콜라겐과 엘라스틴을 파괴해 피부의 탄력을 저하시키고 주름을 만들며 염증을 유발하는 등 피부노화와 관련이 깊다. 피부 건강의 입장에서 보면 아주 중요한 임무를 수행하고 있는 것이다.

피부가 햇빛에 노출되면 제일 먼저 반응하며 만들어지는 요산(尿酸)도 한여름의 강한 자외선을 제외하고 효과적으로 자외선을 차단한다. 피부는 스스로 산성보호막을 만들어 세균의 침입을 차단하고 보호한다. 또 여드름과 뾰루지 발생을 억제해 매끈한 피부를 만든다. 많이 알고 있듯 피부도 숨을 쉰다. 피부를 통한 호흡은 전체 호흡량의 0.6%에 불과하지만 피부 자체에 산소를 공급하고 노폐물과 독소를 처리한다. 피부는 스스로 면역시스템도 갖추고 있다. 피부의 면역시스템이 이물질을 식별해 집중적으로 공격하고, 이때 살균작용을 하는 항균펩타이드까지 만들어 낸다.

피부의 또 하나 중요한 기능은 혈액순환과 영양공급이다. 이는 피부를 아름답게 유지하는 매우 중요한 역할을 한다. 우리 몸을 덮고 있는 피부는 우리 모든 움직임에 관여한다. 이러한 움직임들은 혈액순환을 촉진시켜 피부에 영양공급을 가능하게 한다. 피부의 영양은 유일하게 혈액으로부터 받을 수 있으므로 혈액순환은 매우 중요하다.

피부의 온도조절 시스템도 촉촉한 피부유지를 위해 상당히 중요하다. 기온이 오르면 피부의 모세혈관은 확장된다. 이때 열이 발산되어 땀이 분비된다. 땀이 분비되어 몸을 식혀주기도 하지만 피부 각질층의 수분을 보충해주는 역할도 한다. 기온이 오르면 피부의 수분이 증발해 각질층의 탈수 현상이 발생되지만 때마침 분비된 땀이 각질층에 즉각 수분을 보충해주는 것이다.

피부를 이해하는 데 있어 가장 중요한 포인트는 이렇게 다재다능한 피부가 '매일매일 새롭게 다시 태어난다'는 것이다. 피부의 가장 바깥쪽인 표피는 3~4주마다 새것으로 교체된다. 이는 아무리 피부에 문제가 많다고 해도 피부가 달라지고 바뀔 수 있다는 근거가 된다. 피부는 스스로 완벽한 기관이며 스스로를 아름답게 할 수 있는 시스템을 갖추고 있다. 그러나 여러 환경적인 요소와 피부 건강이 피부시스템의 원활한 작용을 방해한다. 우리 피부에 가장 필요한 화장품은 시스템이 잘 돌아갈 수 있도록 보조할 수 있고, 환경적인 부분을 고려해 부족한 부분을 보완해 줄 수 있는 것이어야 한다.

좋은 피부의 조건

좋은 피부를 지칭하는 다양한 단어들이 있다. 잡티하나 없이 뽀얀 '아기 피부', 매끈한 '도자기 피부', 수분을 머금고 촉촉해 보이는 '물광 피부', 이제는 탄력 있고 피부 모공이 보이지 않아 쫀쫀해 보인다는 뜻의 '모찌(餅) 피부'라는 단어까지 유행하고 있다. 이러한 피부가 되려면 과연 무엇부터 개선해야 할까? 이러한 피부를 가지기 위해서는 어떤 조건들이 필수일까? 말 그대로 '좋은 피부'가 되기 위해서는 피부의 메커니즘이 잘 돌아갈 수 있는 조건을 만들어주어야 한다.

첫째, 피부장벽이 튼튼해야 한다.

피부장벽은 우리 눈으로 보고 만질 수 있는 피부로 피부 맨 위층의 2~4층으로 구성되어 있으며 죽은 세포(벽돌)와 지질(시멘트)로 만들어져 피부 최전방을 지키는 벽돌담이다. '죽은 각질'로도 불리고 불명예스럽게 '때'라는 이름으로도 불리지만 사실 '좋은 피부'를 판가름하는 중요한 부분이다. 우리 눈으로는 피부 속 깊숙한 곳까지 확인할 수 없기 때문에 '피부가 좋다' 등의 표현들은 바로 피부 최상위층인 벽돌담을 보고 평가하게 된다.

피부장벽은 보기에도 중요하지만 역할도 매우 중요하다. 피부벽돌담은 피부 최전방의 방어막으로 피부의 유분과 수분을 유지해 피부결과 광택을 결정한다. 수분을 촉촉하게 머금고 있는 피부는 맑고 투명해 보인다. 샤워 후 또는 목욕탕의 거울 앞에서 누구나 한번쯤 '오늘은 좀 예뻐 보이네!'라는 생각을 해본 적 있을 것이다. 수분을 듬뿍 머금은 피부는 수화작용(水和作用)이 이루어져 기미나 잡티의 색깔은 옅어지고, 피부는 더 희게 보이며 주름이 펴져 더 예뻐 보일 수밖에 없다. 여기서 수분을 머물게 하는 것이 바로 벽돌담의 역할이다. 그런데 이 울타리가 손상되면 아무리 수분과 유분을 공급해도 '깨진 항아리에 물 붓는 격'이므로 아무 소용이 없다.

둘째, 피부 최적의 pH가 유지되어야 한다.

pH는 피부 표면의 수소이온 농도로 정의할 수 있는데, 과거

화장품 광고에도 등장했듯 피부와 pH가 어느 정도 관계가 있다는 사실은 거의 상식에 가깝다. 각질층에서 수분을 유지시키고 광택을 부여하는 지질이 만들어지려면 모두 산성의 pH를 요구한다. 아토피 피부나 건선과 같은 질병도 모두 피부의 pH와 관련이 있다.

가장 최적의 피부 pH는 5~6으로 약산성을 띤다. 피부의 pH는 약산성일 때 피부에 해로운 미생물의 증식을 억제하여 외부 자극으로부터 피부를 보호한다. 비누 또는 클렌징폼으로 세안을 한 후 pH는 알칼리성을 띠게 된다. 그래서 대부분의 화장품은 산성을 띠는데 세안 후 알칼리성으로 변한 피부를 신속하게 약산성으로 중화하기 위해서다. 피부 스스로도 피지선, 한선에서 분비되는 지방산, 아미노산, 젖산염 등으로 피부 pH를 조절한다. 피부에 이로운 세균인 상제균(normal flora, 인체 내에 정상적으로 존재하는 박테리아 등 기타 원핵세포 생물의 총칭)은 지방을 분해해 지방산을 만들어 내어 최적의 pH를 유지시켜 주기 때문에 피부에 꼭 필요한 존재다.

셋째, 피부의 호흡이 잘 이루어져야 한다.

'숨결이 고와야 피부결이 곱다'는 말이 있다. 호흡이란 몸속의 필요 없는 노폐물을 내보내고, 필요한 물질을 받아들이는 작용이다. 피부호흡은 전체 호흡의 0.6% 밖에 차지하지 않지만, 생명현상과 피부에 상당히 중요한 역할을 한다. 나치수용소에서 실시한 실험에서 산소가 통과하지 못하는 물질을 피부 전체에 덮었더니 사망에 이르렀다는 충격적인 결과도 나온 적이 있다. 피부호흡은 피부건강뿐 아니라 생명현상과도 직접 연결되어 있다. 호흡을 통해 피부의 노폐물들이 나가지 못하면 독소물질로 바뀌게 되고, 이런 물질들이 자꾸 쌓이면 문제가 생긴다. 열독이 쌓이면 아토피로, 지방이 쌓이면 여드름으로 나타나고 기미나 색소침착이 나타날 수도 있다. 피부는 살아있는 기관으로 피부 내에도 생태계가 존재한다. 피부에는 여러 가지 이로운 균들이 살고 있는데 이들이 잘 살 수 있는 환경을 만들어주어야 한다.

피부호흡은 이러한 피부생태계가 잘 돌아갈 수 있도록 하는 결정적인 역할을 한다. 피부호흡이 정상적으로 이루어지지 않으면 피부생태계에 꼭 필요한 상제균이 살아가기 힘들어지고, 상제균이 제 역할을 하지 못하면 피부의 pH 균형이 깨진다. 그러면 여드름균이 증식해 여드름이 올라오고 이러한 독소들은 활성산소를 만들어 노화로 연결, 피부의 탄력을 저하시키고 주름을 만들며 색소침착을 일으킬 수 있다. 이 세 가지 조건이 충족될 때 피부의 생태계가 회복되고 피부가 아름다워질 수 있는 최적의 환경을 조성해 준다.

피부 관리의 시작과 핵심

 일반적으로 피부관리를 시작하려고 마음먹은 사람들은 보통 '특별한 무언가를 해야 하지 않을까?' 생각한다. 그래서 고가의 화장품을 구입하거나 피부과 시술을 받거나 에스테틱의 피부관리 프로그램을 염두에 둘 수도 있다. 그러나 이러한 방법들보다 더 중요한 것은 따로 있다. 바로 '세안'이다.

 화장품 광고문구 중에 '화장은 하는 것보다 지우는 것이 더 중요하다'라는 유명한 카피가 있다. 실제로 '화장을 잘 지우는 것'은 피부관리에서 매우 중요한 부분이다. 피부에 남은 노폐물은 피부 속의 지질을 산화시켜 피부노화의 원인이 되고 활성산소도 만든다. 또 피부의 호흡을 방해해 피부 컨디션을 저하시키는 주범이 된다. 그래서 잘 씻어야 한다. 세안은 자신의 피부가 어떤 상태에 있든 가장 중요한 피부관리의 시작이자 핵심이다.

 사람은 평생 최소 6만 번 이상의 세안을 한다. 매일 반복적으로 이루어지는 세안은 피부에 미치는 영향이 클 수밖에 없다. 특히 요즘 화장품에 사용되는 합성오일들은 잘 씻겨 나가지 않기 때문에 더욱 꼼꼼한 세안이 필요하다. 따라서 이렇게 중요한 세안을 평소 어떻게 하고 있는지 점검해 볼 필요가 있다. 사람들은 보통 '어떤 비누, 어떤 클렌징폼, 어떤 클렌징크림 등의 제품을 사용하는가'에 초점을 맞춰 제품만을 가지고 베스트 세안과 워스트 세안을 나누곤 한다. 그러나 세안은 사용하는 클렌징 제품보다 세안을 하는 방법이 더 중요하다. 혹시 유치원생이 세수를 하듯 쓱싹쓱싹 위아래로 얼굴을 박박 문지르고 있지는 않은가? 이러한 행동을 6만 번 반복한다고 생각해 보라. 얼굴에 주름이 만들어지고 탄력이 떨어지는 것은 당연하다. 물에 젖은 종이가 더 잘 찢어지듯 피부가 물에 젖어 있을 때는 젖은 종이를 다루듯 아주 살살 다루어야 한다. 유명한 세안법의 경우 공통적으로 이야기하는 것도 바로 이 부분이다. 세안만 잘 해도 피부는 확실히 변한다. 세안이 잘 된 피부는 화장품의 좋은 성분도 훨씬 더 잘 받아들여 피부의 선순환 사이클을 만드는 데 기본 토대가 된다.

21일간의 피부 기적 세안법

피부를 변화시키기 위해서는 최소 3주(피부각질 주기의 최소시간)가 필요하다. 여기서 3주는 이를 습관으로 받아들여 뇌가 인지하고 시스템을 만드는 데 필요한 시간이기도 하다.

① 뜨겁거나 따뜻한 물을 사용하지 말라.

사람마다 온도를 느끼는 감각의 차이가 모두 다르다. 온도계로 재지 않는 한 물의 온도를 정확히 맞추는 것은 쉽지 않다. 뜨거워도 안 되지만 따뜻하게 느껴지는 물도 안 된다. 날씨가 춥다면 미지근한 물을 사용하라. 온도와 피부노화와의 관련성이 계속 입증되고 있고, 온도가 높은 물은 피부를 예민하고 건조하게 만든다.

② 비누거품을 충분히 낸다.

비누거품을 내 표면적을 크게 만들수록 세안의 효과도 높아진다. 또 세안 시 마찰에서 오는 피부손상을 최소화 할 수 있다.

③ 네 번째와 다섯 번째(약지) 손가락을 사용한다.

세안 시 지나친 자극은 가장 피해야 할 것 중 하나다. 손에 힘을 완전히 빼고 거품 사이의 공간을 느끼면서 작은 원을 그리며 꼼꼼히, 그러나 아주 살살 터치하며 세안한다.

④ 헹굼 횟수가 중요하다.

헹구는 횟수는 충분해야 한다. 왼쪽, 오른쪽 반씩 나누어 거품을 씻어내라.

⑤ 물기를 닦을 때는 절대 문지르지 마라.

수건으로 물기를 닦을 때는 아기 피부를 다루는 것처럼 한다. 수건이 닿을 듯 말 듯 물기만 묻혀낸다. 물에 젖은 피부는 외부 자극에 취약하다는 것을 명심, 또 명심하자.

《얼굴 위생을 위한 팁》

화장도구를 점검하라.

얼굴만 정성스럽게 씻을 것이 아니라 이참에 화장도구들의 위생상태도 한번 점검해보자. 분첩이나, 붓, 브러시 등은 일주일에 한 번 중성세제로 세척해 주어야 한다. 눈가에 사용하는 브러시나 파운데이션을 바를 때 사용하는 퍼프, 스펀지는 매일 세척해 주어야 한다. 조금 귀찮겠지만 화장도구의 오염 때문에 생기는 피부 트러블을 예방하고, 나아가 피부노화를 방지하는 길이다. 오염되어 세균이 득실거리는 화장도구가 애써 씻어낸 피부를 망치는 불상사는 피해야 하지 않을까?

휴대전화를 소독하라.

얼굴과 가장 빈번하게 접촉하는 것 중 하나가 휴대전화다. 그런데 이 휴대전화에 엄청나게 많은 세균들이 서식하고 있다. 휴대전화가 신발 밑창과 문손잡이, 심지어 화장실의 변기좌석보다 더 비위생적이라는 연구결과가 발표되기도 했다. 휴대전화의 세균은 뾰루지나 부스럼의 원인이 된다. 그럼에도 불구하고 휴대전화를 세척하는 일은 거의 없다. 휴대전화는 자체 열기로 인해 버튼 틈새 등의 공간에 각종 세균이 증식하기 아주 적합한 환경이다. 또 주머니나 핸드백 등 따뜻한 곳에 휴대폰을 보관하는 것도 세균 증식을 돕는다. 이런 세균 덩어리의 휴대전화를 어떻게 해야 할까? 가장 좋은 방법은 알콜을 묻힌 솜이나 항균 수건을 이용해 자주 닦아주는 것이다.

화장품의 허와 실

화장품 맹신은 금물

　화장품은 의약품, 즉 약이 아니다. 화장품은 특정질환에 따라 전문가인 의사에 의해 처방받아 사용하는 의약품과 다르다. 의약품은 의사의 처방 없이 사용하는 것이 법적으로 금지되어 있어 내 마음대로 구매도 쉽지 않다. 그러나 화장품은 구매 의사가 있고 지불할 수 있는 돈이 있으면 특별한 제재 없이 언제든 구매할 수 있기 때문에 의약품처럼 다룰 수 없다. 그래서 화장품은 진단과 치료, 예방이 목적인 의약품과 달리 세정 및 미용을 목적으로만 제조할 수 있으며 효능도 법적으로 제한받을 수밖에 없다.

앞에서도 언급한 바 있지만 화장품법에서 제시한 화장품의 정의에도 '…… 인체에 사용되는 물품으로 인체에 작용이 경미한 것을 말한다'고 되어 있다. 본디 화장품은 그 태생부터 '인체에 작용이 경미한 것'이라는 한계를 가지고 태어난 것이다. 그래야 일반적인 사람들이 장기간 사용해도 부작용 없이 사용할 수 있기 때문이다.

대부분의 사람들은 약과 같은 기대를 하며 대부분의 피부문제를 화장품으로 해결하려는 경향이 있다. 여드름도 화장품으로 치료하려 하고, 아토피 같은 피부질환이나 기미도 화장품이 해결해 줄 거라 믿는다. 물론 화장품이 이와 같은 질환에 훌륭한 보조적인 수단이 될 수는 있지만, 실질적으로 치료해주는 해결사가 될 수 없다는 점을 명심해야 한다. 아래 그림은 어느 신문에 게재된 기사의 일부다. 일부 화장품 회사들이 화장품을 의약품으로 오해할 수 있는 광고문구를 사용해 행정처분을 받았다는 내용이다.

A회사는 '트러블, 모공, 피지 해결' '트러블 감소 효과와 강력한 모공축소', B회사는 '확실한 트러블 케어' '트러블 흔적까지 싹' '여드름이 고민이시라면' 등의 표현을 사용했기

의약품 오인 광고 유명 수입 제품 대거 적발

식약청, ▨▨ 등 과대광고 12개 품목 3~4개월 행정처분

▨▨▨▨▨▨ 등 유명 수입 브랜드들이 6일부터 광고업무 정지 처분을 받게 됐다.

식품의약품안전청(청장 이희성)은 지난달 29일 ▨▨▨▨▨▨▨ ▨▨, ▨▨▨▨▨▨▨▨▨▨▨ 스킨, 로션, 크림 등에 대해 광고업무 정지 3~4개월의 행정 처분을 내렸다.

따라서 이들 업체의 한국 자회사 또는 수입사인 ▨▨▨▨(주), ▨▨▨▨▨▨▨(주), ▨▨▨▨▨▨▨ 등은 DM을 비롯한 광고 자료 등을 모두 폐기하고 식약청의 처분에 대비하는 등 분주한 모습이다.

때문이다. 비슷한 시기 국내의 화장품 회사도 '항노화유전자(GADD45)에 강력히 작용' '손상된 DNA 회복' '피부재생' 등의 문구를 사용해 광고업무 정지처분을 받았다. 문제가 된 광고문구들은 오히려 일반적인 소비자들에게 화장품을 검색하거나 구매하면서 접해 본 바 있는 친숙한 문구일 수 있다. 언뜻 아무 문제가 없는 듯 보이지만 실제로는 자신을 의약품처럼 교묘히 포장하고 있는 것처럼 보이는 부분이 문제다. 화장품 회사의 뛰어난 마케팅 실력 덕택이기도 하지만 자신도 모르게 화장품을 의약품으로 오인하게 되는 것이다.

화장품은 심리적 만족감이 큰 제품군에 속하다 보니 화장품 광고는 날로 화려해지고 있다. 수많은 광고 속에서 '진짜' 화장품을 고르는 눈을 키우기 위해서는 화장품의 정확한 한계를 알고, 가장 잘 할 수 있는 부분에서 제대로 실력 발휘를 할 수 있는 제품인지를 구분할 줄 알아야 한다.

잘못된 화장품 선택과 사용

당근에 들어있는 '아스코르비나아제'라는 성분은 오이의 비타민C를 파괴해 당근과 오이를 함께 먹을 경우 영양적으로 효율이 떨어져 음식 궁합으로 좋지 않다. 화장품의 경우도 마찬가지다. 불특정 다수에게 화장품이 팔리고 있지만 자세히 따지고 보면 성분끼리 충돌을 일으키거나 서로 효과를 반감시키는 등 궁합이 좋지 않은 화장품들이 있다.

함께 쓰면 좋지 않은 화장품의 궁합

레티놀 제품 + AHA 제품

레티놀 제품은 처음에는 여드름 치료에 사용되었으나 주름 개선 효과가 발견되어 현재는 주름개선 기능성화장품 성분의 고시 원료 중 하나다. 화장품에 사용되는 레티놀은 레틴산에 비해 피부자극이 적지만 쉽게 산화되고 불안정하다.

묵은 각질을 제거하는 기능을 가진 AHA제품들은 화장품 제조 시 4~8% 정도의 농도로 제조된다. AHA는 자연 유래의 산으로 안정적인 구조를 가지고 있다. AHA제품은 모공 청소를 하고 각질을 제거하는 데 효율적인 만큼 피부자극이 크다. 레티놀 제품 역시 피부자극이 커서 함께 사용 시 자극이 극대화되어 문제를 일으킬 수 있다. 피부방어막의 손상과 함께 모세혈관 확장, 혹은 피부가 붉어지고 예민해질 수 있다.

레티놀 제품 + 자외선차단제

레티놀 성분이 자외선 차단 성분의 피부 침투를 증가시켜 자극감이 증가한다. 각질 연화 기능이 있는 레티놀 성분은 피부의 보호막 기능을 약화시켜 피부를 얇게 만드는데, 이때 자외선차단제를 사용하면 약해진 피부에 자외선차단제의 자극성분이 더 쉽게 피부를 자극하게 만든다.

레티놀 제품 + 비타민C 제품

둘 다 자극이 강한 성분으로 피부를 예민하게 만들 수 있다. 비타민C는 수용성비타민으로 신선한 야채나 과일 등 신선 식품에 많이 들어 있는데 면역력 강화, 콜라겐 합성 촉진, 스트레스 예방 등의 효과가 있다. 화장품에서는 피부미백 효과가 우수하다고 알려져 있고, 화장품 성분으로 안정성은 높으나 안전성이 떨어져 비타민C 유도체인 '비타민C 팔미테이트'의 형태로 사용된다.

콜라겐 제품 + 비타민C 제품

인체의 진피 조직에서 콜라겐 합성 시 '비타민C'의 지원이 필요하나 콜라겐이 화장품을 통해 피부에 도포되는 경우 비타민C가 오히려 이를 방해한다. 콜라겐의 단백질 성분을 비타민C가 응고시켜 피부 침투를 어렵게 만든다.

모공 제품 + 안티에이징 제품

실제 모공을 줄여주는 제품은 존재하지 않으나 피부의 상태를 개선시켜 모공을 관리해 주는 제품들이 있다. 이들 제품은 모공 속에 있는 피지와 노폐물 등을 청소해 주는 역할을 하는 반면 대부분의 안티에이징 제품은 모공 속에 지질을 공급한다. 제품의 목적이 전혀 다른 방향을 지향하고 있어 한 가지 제품을 우선 주력으로 사용하는 것이 좋다.

여드름 제품 + 안티에이징 제품

모공 제품과 마찬가지로 여드름 제품도 안티에이징 제품군과 전혀 다른 목적으로 제조되기 때문에 함께 사용하기 보다는 한 가지를 주력으로 해 따로 사용하는 것이 좋다.

제대로 알아야 제대로 쓴다.

여드름차단제

'피부노화의 70% 이상을 빛이 만들어 놓았다'고 할 만큼 자외선은 피부노화의 주범으로 지목되고 있다. 여러 연구결과들이 이를 입증하고 있으며 자외선의 이러한 피해는 일반적인 상식이 되었다. 태양에 의한 피부손상은 피부자체 시스템에 의해 손상을 회복하고 바로 복구가 이루어지지만, 복구 과정 중에 다시 태양에 노출되고 이런 과정을 평생 반복하다 보면 피부는 점차 늙게 된다. 따라서 강도 높은 인공선탠이나 무리한 일광욕은 피부노화의 가속페달을 밟는 것과 같다. 젊은 시절 구릿빛 피부를 위해 일광욕과 선탠을 즐겼다면 40대 이후 피부가 급속도로 노화되어 그 대가를 치르게 된다.

몸이 자연적으로 늙는 자연노화에 비해 태양광선에 의한 광(光)노화는 노화의 증상을 앞당기며 그 강도 또한 높다. 자연노화는 세포질에만 활성산소를 만들지만, 태양광선에 의한 광노화는 세포질뿐만 아니라 핵 안에까지 활성산소를 대량으로 만든다. 이러한 활성산소의 공격으로 우리 몸의 유전정보를 담고 있는 DNA가 손상된다. 뜨거운 여름 강한 햇빛에 한 시간 이상만 노출되어도 세포 내 DNA는 심각한 손상을 일으키고, 많은 수의 세포가 스스로 죽게 만든다. 또 지구 환경이 점점 악화되고 오존층 문제가 심각해지면서 자외선 차단은 선택이 아닌 필수가 되었다.

상황이 이러하다 보니 자외선차단제에 대한 기대가 높아질 뿐만 아니라 1년 365일 매일 발라야 한다고 주장하는 사람들도 많아졌다. 이러한 현상을 반영하듯 미국에서는 자외선차단제를 화장품이 아닌 일반의약품으로 분류하고, 일본에서도 의약외품으로 분류한다.

자외선차단제를 제대로 쓰는 팁

① 자외선 차단지수만큼 효과를 보기 위해서는 일회 2~3g을 사용한다.

자외선차단제에 표기되어 있는 차단지수 만큼의 효과를 보려면 생각보다 많은 양이 도포되어야 한다. 이 정도의 양이 얼굴에 도포될 경우, 밀가루를 개어 바른 것과 같은 모양이 연출되어 실제 행하기에는 무리가 따른다. 게다가 수시로 덧발라 주어야 지속이 가능하기 때문에 메이크업을 했을 경우에도 적용하는 데 문제가 있다. 자외선차단제는 적어도 외출하기 30분 전에 넉넉히 발라주며 바닷가나 휴양지 같은 강한 태양 아래에서는 선글라스나 모자, 양산과 같은 보조적 수단이 필요하다.

파우더 형태의 자외선차단제는 덧바르기 편하고 물리적 차단 효과가 있어 다른 자극이 덜한 편이다.

② 자외선 차단지수는 SPF 15면 충분하다.

자외선차단제를 선택할 때 대부분의 사람들은 차단지수가 높은 제품에 후한 점수를 준다. 자외선 차단지수가 높을수록 태양으로부터 피부를 보호하는 데 좀 더 강력하게 작용하지 않을까 기대하는 것이다. 그래서 그런지 화장품 회사에서도 자외선 차단지수를 점점 높여 SPF 30, SPF 50도 모자라 SPF 100 제품까지 출시하고 있다. 자외선 차단지수에 대한 자외선 차단능력은 여러 연구에서도 밝힌 바 있지만 사실 별 차이가 없다. 유럽연합의 화장품위원회에서 지난 2006년 발표한 자외선차단제품의 사용지침에도 '높은 차단지수를 가진 제품의 효과는 낮은 차단지수를 가진 제품에 비해 그 차이가 미비하다'고 나와 있다.

③ 여러 종류를 다양하게 사용하자.

미국이나 유럽에서는 벌써 오래전부터 피부암에 대한 문제가 사회적인 이슈로 대두되고 있다. 황인이나 흑인에 비해 백인들은 피부암 발병률이 높은 편인데, 현재 상승 추세가 가파르게 증가하고 있다고 한다. 그리고 그 원인으로 지구환경 변화에서 오는 오존층 파괴와 자외선을 꼽고 있다. 국제보건기구(WHO)는 자외선차단제를 바르라는 권고사항을 추가했다. 오존층의 파괴는 전 인류적인 문제이자 개인건강과도 직결된다. 피부암과의 관련성과 더불어 피부노화의 주범인 자외선 차단을 무방비로 놔둘 수 없다는 판단인 것이다. 미국은 자외선차단제를 일반의약품으로 분류하며 사용을 독려하고 있다. 하지만 동시에 자외선차단제가 가지고 있는 문제점도 부각되고 있다. 이탈리아 안콘 대학의 과학자들은 멕시코 유칸 반도의 산호초 지역이 멸종위기에 처하게 되었는데, 이는 피서객들이 자외선차단제를 바르고 바다에 들어갔기 때문이라는 충격적인 연구결과를 발표했다. 1리터의 바닷물에 백만 분의 1리터의 선크림만 섞여도 사흘 안에 산호초가 탈색된다는 보고였다.

  피부에 자외선차단제를 도포하는 경우, 화학적 자외선차단제 성분들이 자외선을 흡수하는 과정에서 알러지를 유발하고 광독성 반응을 일으킬 수 있는 잠재적인 문제도 가지고 있다. 또 비교적 자극이 적은 물리적 차단제 성분의 나노화 문제도 보고되고 있다. 하지만 빠른 속도로 변해가는 지구환경에 적응하기 위해서는 자외선차단제가 꼭 필요하다. 한 가지 제품만을 고집하기보다는 제품을 바꿔가면서 알러지 발생의 역치점(생물이 외부 자극에 반응하는 데 필요한 최소한의 자극 크기)을 낮추는 것이 필요하다. 또 문제가 있다고 보고된 성분들은 가능한 피해 선택한다.

④ 스킨케어 제품에 추가된 자외선 차단성분은 효과가 미비하다.

기초 제품에 추가된 자외선 차단성분으로는 차단지수를 지속시킬 수 있는 양과 횟수를 충족시킬 수 없다. 자외선 차단성분이 엑스트라(extra)로 함유된 스킨케어 화장품을 발랐으니 태양으로부터 피부를 안전하게 보호할 수 있다는 기대는 절대 금물이다.

유럽연합 보건위원회는 '자외선 B와 A를 동시에 차단하는 우수한 품질의 자외선차단제품이라도 자외선의 위험으로부터 피부를 완벽히 보호할 수는 없으며, 현재 출시된 어떠한 자외선차단제품을 사용하더라도 흑색종 형성을 예방할 수 없다'고 발표했다. 일반 스킨이나 로션과 같은 스킨케어 제품에 자외선 차단성분이 들어가 있는 경우는 그 효과가 미미하다는 사실을 꼭 기억하자.

미백 화장품

아시아 지역인 일본과 중국, 한국 등에서는 잡티 없는 흰 피부가 여성들의 선망 대상이 된다. 화이트닝 제품(미백제품)에 대한 인기도 매우 높아 화장품 회사에서는 다양한 제품을 출시하고 있다. 미백 화장품은 얼굴색을 환하게 하고 기미와 주근깨, 기타 색소침착 등을 완화시키기 위해 멜라닌 생성을 억제하거나 이미 생성된 멜라닌을 환원시킨다. 멜라닌은 자연적으로 생성되는 갈색 색소로 피부가 자외선에 노출되었을 때 멜라닌의 생성량이 증가해 기미, 주근깨가 더 심해지며 색소침착이

미백 화장품의
멜라닌 생성, 억제, 사멸 단계

발생하게 된다. 정상적인 피부에서 멜라닌 색소는 멜라닌 세포에 의해 끊임없이 만들어지고, 한편으로는 끊임없이 체외로 배출되어 일정한 평형을 이루고 있다. 그러나 피부 각질 주기가 길어지거나 자외선에 의한 산화반응이 촉진되는 경우 색소침착이 일어나거나 피부색의 변화가 오게 된다.

미백 화장품은 멜라닌이 생성되어 색소침착이 일어나는 과정을 저지하고 방해한다. 피부미백을 위해 사용되는 화장품의 성분은 위의 그림과 같이 단계별로 다르다. 자신의 피부상태에 따라 멜라닌 생성을 억제하는 성분을 사용해야 하는지 또는 이미 만들어진 멜라닌을 환원시켜야 하는지를 판단하고 선택해야 한다.

① 자외선의 차단 − 옥틸디메틸파바, 이산화티탄
피부미백을 위해서는 일단 자외선에 의한 피부 노출을 최대

한으로 막아야 한다. 따라서 자외선차단제도 목적상 피부 미백 화장품군에 포함시킬 수 있다.

② 티로시나아제의 활성억제

– 알부틴, 코직산, 상백피추출물, 닥나무추출물, 감초추출물

자외선을 받으면 멜라닌 생성의 첫 단계로 '티로시나아제'라는 물질에 의해 티로신이 도파로 산화된다. 이러한 산화반응을 억제하기 위해 티로시나아제 억제 물질을 화장품 성분으로 사용한다.

③ 도파의 환원 – 비타민C

멜라닌의 전 단계인 도파퀴논을 도파로 환원시킨다.

④ 멜라닌 사멸 – 하이드로퀴논

생성된 멜라닌 세포 자체를 사멸시킨다. 화장품 성분으로 하이드로퀴논이 사용되는데 우리나라에서는 사용이 금지되어 있다.

⑤ 각질제거

– 알파하이드록시산(AHA), 베타하이드록시산(BHA), 레틴산

각질 세포를 벗겨내어 멜라닌 색소를 제거한다.

여드름 화장품

여드름은 의학용어로 '심상성좌창'이라 불리며 주로 사춘기에 많이 발생하고 있으나 최근에는 스트레스에 의한 성인 여드름의 발생 빈도도 높아지고 있다. 여드름은 호르몬에 의해 피지분비가 왕성해지거나 묵은 각질 세포가 과도하게 쌓여 모공을 막으면 모공 내 여드름균에 의해 발생된다. 여드름균은 피지를 분해해 유리지방산을 만드는데, 이 유리지방산이 피부에 심한 자극을 일으켜 모낭벽이나 모공 주위 세포에 염증을 일으켜 여드름을 유발한다. 여드름은 피부과적 증상으로 기능성화장품군에 포함되고 있지는 않지만, 여드름에 도움을 줄 수 있는 화장품들은 시중에 널리 판매되고 있다. 여드름이 발생되는 원인 증상에 따라 다음의 성분이 함유된 제품을 사용하면 도움이 된다.

- 과도한 피지분비가 문제인 경우 : 비타민 B6
- 묵은 각질이 쌓여 모공을 막는 경우 : 유황, 글리콜산, 살리신산
- 여드름균이 활성화되어 있는 경우 : 염화벤젤코니움
- 염증 반응이 심한 경우 : 알란토인, 글리실리신산류

화장품 성분 중에도 여드름을 유발하는 성분들이 있어 대부분의 여드름용 화장품에서는 '논-코모도제닉(non-comedogenic)'이라고 표기하며 여드름 유발성 물질을 함유하지

않았음을 나타낸다. 현재 여드름 유발성 물질로 알려진 것은 유동파라핀, 바셀린, 라놀린, 올레인산, 라우릴알코올 등이 있다. 여드름이나 뾰루지가 올라오는 등 염증성 반응이 나타날 때는 이들 성분이 포함되지 않는 화장품을 사용해야 한다.

각질제거 화장품

피부가 칙칙해 보이고 결이 거칠어지는 것은 피부의 정상 리듬보다 피부각질 주기가 길어져 떨어져나가야 할 각질이 머물러 있기 때문이다. 나이가 늘어감에 따라 몸의 모든 기관에 노화 증상이 하나 둘씩 나타난다. 그중 피부가 가장 도드라지는 부분일 것이다. 노화와 함께 피부 재생속도가 현저히 느려지면서 피부 표면에 많은 각질들이 처리되지 않은 채 방치된다. 이러한 묵은 각질을 제거하기 위해 각질제거용 화장품이 사용된다.

묵은 각질을 제거하기 위한 방법은 물리적인 것과 화학적인 것으로 구분할 수 있다. 물리적인 방법에는 스크럽제가 있고, 화학적인 방법에는 AHA, BHA, PHA 등이 있다. 무리한 각질 제거는 피부장벽을 손상시켜 피부를 예민하고 건조하게 만들기 때문에 주의가 필요하다.

- 알갱이 형태의 스크럽제 : 완벽하게 구형의 알갱이를 사용해야 한다. 알갱이가 고르지 않을 경우 피부에 상처를 입힐 수 있다. 또 너무 세게 문지르지 않도록 유의해야 한다.

- 알파하이드록시산(AHA) : 각질제거용 화장품 중 가장 많이 쓰이고 인기가 높은 성분이 바로 AHA 성분이다. 모두 천연에서 유래하는 산으로 사탕수수(글리콜릭), 상한 우유(락틱), 감귤류 열매(시트릭), 사과(말릭), 포도(탁트릭) 그리고 쌀(피틱) 등이 있다. 락틱산은 피부보습에도 우수하다. 글리콜린산은 분자구조가 매우 작아 피부 전체를 개선시키는 데 가장 효과적인 것으로 알려져 있다. 피부에 적용했을 때 효과를 보려면 활성성분의 농도가 매우 중요한데, 화장품에 사용하는 농도는 4~8%이지만 농도가 높다고 무조건 높은 효과를 내는 것은 아니다. AHA 성분의 농도는 각 제조사의 고유기술이라 표시가 따로 되어있지 않은데 이 점이 가장 아쉽다. 미국 FDA뿐만 아니라 우리나라 식약청에서도 성분 농도의 표기는 의무화되고 있지 않다.

- 베타하이드록시산(BHA) : 버드나무와 박달나무에서 추출하며 '살리실릭산'이라고 부른다. 피부의 투명감을 높이는 효과가 있다. 또 항염 효과가 있어 모공에 침투해 모공을 청소하므로 여드름 피부에 유용하게 사용할 수 있다. BHA 성분이 글리콜릭산과 구별되는 가장 큰 장점은 지질을 녹일 수 있다는 것이다. 따라서 지용성인 블랙헤드에 효과가 있다. 글리콜릭산에 비해 부드럽게 각질을 제거한다.

- 폴리하이드록시산(PHA) : 산은 효과는 뛰어나나 자극감
  이 문제다. 그래서 화장품 연구가들은 어떻게 하면 자극
  을 최소화 할 수 있는지 고민해 왔는데 그 결실이 폴리하
  이드록시산이다. 다른 산에 비해 부드러운 반면 AHA나
  BHA에 비해 효능과 속도 면에서 다소 떨어진다.

피부도 보호가 필요하다.

　노화는 어느 특정 기관에서 부분적으로 일어나는 것이 아니라 세포 차원에서 몸 전체에 전면적으로 일어난다. 피부는 우리 몸 중에서 가장 넓은 장기이자 밖으로 드러나 보이는 장기다. 그래서 우리는 노화의 첫 신호탄을 피부로 느끼게 되며 피부로 노화의 속도를 가늠하고 가장 많이 판단하게 된다. 우리가 그렇게 '동안피부'에 열광하고 화장품에 집착을 하는 이유가 여기 있다. 과학자들이 말하는 피부노화의 3대 요인은 '자외선과 건조, 산화'다. 최근에는 여기 '유전'도 추가되었다.

　첫 번째 요인인 자외선은 피부노화의 70% 이상을 담당하고 있는 만큼 아무리 강조해도 지나치지 않다. 자외선의 빛과 열은 콜라겐과 엘라스틴을 파괴해 피부의 탄력을 떨어뜨리고 주름을 만든다. 또 자외선은 기미, 주근깨, 색소침착 등을 일으킨다.

　두 번째 요인은 피부건조다. 노화가 진행됨에 따라 신생아 때 90%에 달했던 우리 몸의 수분 보유 비율은 노년기로 접어

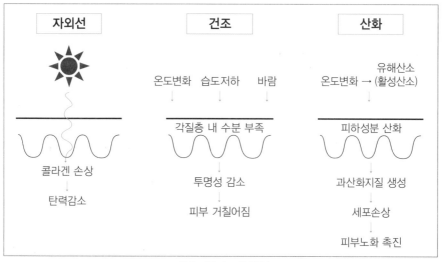

| 자외선 | 건조 | 산화 |

피부노화의 3대 원인

들면서 50%로 뚝 떨어진다. 온도 변화, 습도, 바람 등에 의해 피부 최상위층에는 수분이 부족하게 되고, 피부는 갈수록 건조해진다.

세 번째 요인은 산화다. 스트레스와 여러 공해물질로 만들어진 활성산소는 피부 속의 지질 성분을 산화시킨다. 활성산소에 의해 만들어진 과산화지질은 세포를 손상시키고 결국 피부를 노화시킨다.

네 번째는 피부노화 유전자다. 인간 게놈프로젝트가 현실화되면서 각 분야에서 다양한 방법으로 이용되고 있는데, 피부노화 역시 특정 유전자의 변형에 의해 발현된다는 것이 밝혀지고 있다. 영국 일간지인 「데일리 메일」 보도에 따르면 화장품 기업인 '프록터앤드갬블(P&G)'의 연구진이 인간 게놈프로젝트에서 나온 데이터를 이용, 피부노화에 결정적인 역할을 하는 유전인자 15,000개를 발견했다고 한다. 연구진이 밝혀낸 주요 요인 중 하나는 피부 속에 물을 잡아두는 분자를 이용해 피부가 수분을 모으고 유지하는 '수화작용'과 관련된다. 즉 피부가 수분을 유지하는 과정에서 피부가 늙어감에 따라 이 과정을 통제하는 유전자들이 점점 활성을 잃어 피부가 유지하는 수분도 적어지게 되고 결국 주름이 생성되는데 여기에 700개의 유전인자가 관여한다는 것이다. 유전자적인 관점에서 보아도 결국 피부 속 수분 유지의 문제가 발생, 건조 현상이 두드러져 노화가 진행된다는 사실을 알 수 있다.

환경 문제의 엄습으로 인해 피부노화의 3대 요인들은 과거보다 더 빨리, 더 강도 높게 피부를 찾아오고 있다. 보톡스와 같은 피부과 시술이나 필러가 잠시 동안 피부를 탱탱하게 만들고 주름을 펴줄 수는 있겠지만, 가장 기본적인 관리의 중요성을 간과할 수는 없다. 이때 화장품이 피부의 든든한 지원군 역할을 해 가장 기본적인 관리만으로도 피부의 기초체력을 높이고 노화를 늦출 수 있다.

여러 문제점에도 불구하고 자외선차단제는 필수품목이 되었다. 자외선차단제를 통해 태양으로부터 피부를 보호하는 것은 피부노화뿐 아니라 피부건강을 위해서도 중요하다. 올바른 사용매뉴얼을 가지고 현명하고 적절하게 자외선차단제를 사용한다면 피부는 꽤 효율적으로 화장품의 혜택을 누릴 수 있다. 피부는 유전적으로도 점점 수분을 소실해가고 있으며 지구환경은 피부를 더욱 건조하게 만들어 피부노화를 가속화시키고 있다. 피부에 수분이 충분히 존재하지 않는다면 도자기피부, 물광피부, 아기피부 등이 가능하겠는가? 피부관리에 있어 수분은 매우 중요하고, 이 수분을 지켜주는 유분의 역할도 크다. 환경으로부터 피부를 지키기 위해서는 화장품의 지원이 필요할 수밖에 없다.

피부의 산화를 막기 위해 활성산소에 대한 근본적인 대책도 필요하겠지만 무엇보다 피부의 청결상태가 중요하다. 화장품을 바르는 목적은 '청결'과 '미화'로 압축될 수 있다. 보통 피부 관리를 위해 화장품을 선택하면서 스킨과 로션, 크림과 같이 바르는 제품에 더 관심을 가지지만 이를 어떻게 씻어내는가도 매우 중요하다. 제대로 처리되지 않은 피부 노폐물 역시 지질을 산화시키고 활성산소를 만들어 악순환의 고리를 형성한다. 이러한 악순환은 어떤 형태로든지 피부를 지치게 하고 자극을 만들어 피부를 노화시킨다. 제대로 된 클렌징 방법을 통해 피부 청결을 유지하는 것은 피부 관리의 가장 기본이다.

화장품이 줄 수 있는 가장 큰 효과

화장품이 줄 수 있는 가장 큰 효과는 바로 피부에 수분을 머물게 하는 '보습'이다. 앞서 설명한 것과 같이 수분을 머금은 촉촉한 피부는 모든 화장품의 목적이자 화장품이 피부에게 줄 수 있는 가장 큰 효과다. 화장품에서 보습은 휴멕턴트(Humectant)와 에몰리언트(Emolient), 천연보습인자 이렇게 세 가지의 기전으로 만들어진다.

휴멕턴트는 스펀지 같은 성질을 가지고 있는 성분으로 글리세린이나 프로필렌글리콜, 솔비톨, 하이루론산, 판테놀 등 이 있다. 피부 자체에 수분을 공급하는 것이 아니라 성분 자체가 공기 중의 수분을 흡수하는 성질을 가지고 있어 스펀지처럼 수분을 머금고 있는 것이다. 따라서 스펀지가 제거되면 수분이 사라지듯 성분이 제거되고 수분도 함께 사라진다. 즉, 피부에 수분을 직접적으로 공급하는 것이 아니고 피부 근처에 수분이 머물도록 만드는 것이다.

에몰리언트는 '연화제'라고 불리기도 하는데 피부에 유성 성분을 공급하고 유분막을 형성해 수분이 증발하지 못하도록 하는 것이다. 에몰리언트는 일반적으로 우리가 생각하는 오일류로 호호바오일, 달맞이꽃오일, 올리브오일 등의 천연오일과 미네랄오일, 합성오일 등이 대표적인 성분이다.

천연보습인자는 각질층에 존재하는 천연보습인자와 유사하거나 거의 같은 성분을 이용하는데 아미노산, 요소, 젖산염, 피롤리돈카르본산염 등이 있다. 피부 자체는 단백질이어서 스스로 수분을 머금고 있다. 그러나 노화와 같이 기타 요인에 의해 세포 내 수분이 부족할 경우에는 휴멕턴트의 성분을 이용해 피부 보습을 해줄 수 있고, 한겨울 건조한 실내에서는 에몰리언트 성분이 수분의 증발을 막아준다. 수분크림은 대부분 휴멕턴트의 성분을 주성분으로 활용하고, 영양크림처럼 오일리(oily)한 느낌의 화장품에는 에몰리언트 성분의 함량이 높은 편이다.

휴멕턴트의 경우에는 스펀지가 놓여 있는 환경이 매우 중요하다. 주변 상황, 즉 공기 중에 수분이 많으면 스펀지가 수분을 흡수하는 데 별 문제가 없다. 그러나 공기 중에 수분이 부족하면 스펀지는 바로 피부 속에 있는 수분을 빼앗아온다. 보습제를 발랐음에도 불구하고 피부는 더 건조해지는 것이다. 한겨울에 크림을 듬뿍 발랐는데도 불구하고 피부가 여전히 땅기는 느낌을 받는 게 바로 이런 경우에 속한다. 에몰리언트 성분은 모공을 막아 트러블을 일으킬 수도 있고, 미네랄오일의 경우 피부의 호흡을 방해한다.

피부에 수분을 머물게 하는 일이 피부 관리에서 가장 중요한 일이며 이것이야말로 화장품의 주특기임을 기억하자. 그리고 자신의 피부 상태와 주변 환경을 파악해 적절한 보습제를 선택하자.

당신을 위한 진짜 화장

화장품에도 유통기한이 있다.

자신의 화장대를 둘러보자. 2~3년 또는 그 이상이 지난 아이섀도, 언제 샀는지도 기억나지 않는 립스틱이 굴러다니지 않는가? 이렇게 오래 방치된 제품들은 메이크업 제품들뿐만이 아니다. 쓰다만 에센스와 크림들이 즐비하고, 언제 받았는지도 모를 화장품 샘플들이 여기저기 자리를 차지하고 있을 것이다. 이렇게 오래된 화장품들, 과연 사용해도 될까?

대답은 단호하게 'No'이다. 모든 제품이 그러하듯 각자의 수명이 있다. 즉 '유통기한'이 존재한다. 피부를 위해 화장품을 바르는데 남은 화장품이 아까워 이를 피부에 발랐다가는 얻는 것보다 잃는 것이 훨씬 더 많아진다. 피부에 좋은 성분이 듬뿍 들어간 고가의 화장품이라 하더라도 세균에 의해 오염되거나 변질되면 치명적인 독성을 띠게 된다. 그래서 모든 화장품에는 유통기한이 정해져 있다.

가루분이나 고형분으로 만들어진 메이크업 제품들은 얼핏 눈으로 보기에 별 문제가 없어 보이지만 유통기한을 정해 놓은 데는 다 이유가 있다. 제품에 사용되는 성분마다 따로 기한이 정해져 있기도 하다. 특히 사용 부위가 입술이나 눈, 점막인 경우 침이나 눈의 분비물과 메이크업 제품이 섞여 오염되면 미생물 번식이 용이해진다. 1982년 미국에서는 오염된 마스카라를 사용했다가 실명(失明)에 이른 사례도 있었다.

스킨케어 제품도 마찬가지다. 화장품 화학성분의 부작용이 알려지면서 천연성분을 이용한 화장품이 인기가 높다. 물론 화장품 성분에 대한 인식이 높아져 성분에 따라 화장품을 가려 쓰는 것도 중요하지만, 좀 더 나아가 화장품 성분이 변질되고 있지 않는지에 대한 관심도 필요하다. 변질이 진행되면서 화장품의 향과 색이 바뀌는 경우도 있지만 냄새나 눈으로는 전혀 확인할 수 없는 경우도 있다. 또 화장품 성분 중에는 시간이 지나면 전혀 다른 성분으로 바뀌는 것들도 존재한다. 이미다졸리디닐 우레아, 디아졸리디닐 우레아, 디엠디엠하이단토인과 같은 성분은 시간이 지나면 건강에 치명적인 포름알데히드를 방출하므로 장기간 사용하는 것은 좋지 않다.

대한화장품협회의 연구에서 정의한 '화장품 유통기한'은 '적

구분	종류	유통기한
기초화장품류	화장수(스킨)	30개월
	로션	
	크림	
	에센스	
메이크업류	메이크업베이스	
	파운데이션	
	립스틱	
눈 화장용 제품류	마스카라	6개월 (개봉 후 사용기한)
	아이라이너	

〈대한화장품협회〉의 권장 유통기한과 개봉 후 사용기한

절한 보관 상태에서 고유의 특성을 간직한 채 소비자에게 안정적으로 유통될 수 있는 최종일자'이다. 그리고 위의 표와 같이 유통기한을 권장하고 있다.

식품도 비슷하겠지만 화장품도 개봉 후와 개봉 전의 유통기한은 상당한 차이가 있다. 일단 개봉이 되면 산소와 만나면서 산패가 시작된다. 거기다 화장품은 주로 우리 몸에서 세균이 가장 많이 살고 있다는 손을 이용해 바르고 있지 않은가? 가끔 사용하고 싶은 양보다 더 많이 덜었다고 해서 다시 집어넣는 경우가 있는데 이 또한 금물이다. 개봉 후 화장품은 여러 요인에 의해 변질될 수 있다는 점을 기억하자.

화장품 업체는 제품마다 각각의 유통기한과 개봉 후 유통기한을 부여하고 있다. 제품 자체에 표기되어 있는 경우도 있지만 제품 박스나 속지에 표기되어 있는 경우도 있어 화장품을 처음 개봉 후 사용시작 일자나 사용기한 일자를 네임펜이나 네임택을 이용해 직접 표시해두는 것이 좋다. 좋은 화장품을 사용하

'12M'은 개봉 후 12개월 동안
사용이 가능하다는 표시.
이 화장품의 제조일은 2012년 6월 18일이고,
2014년 6월 17일까지 사용할 수 있음을 알 수 있다.

는 것도 중요하지만 오염과 변질이 되지 않은 제품을 유통기한
에 맞게 사용하는 것은 더욱 중요하다.

좋은 화장품은 좋은 성분으로 만든다.

한날한시 한배에서 태어난 쌍둥이들도 성격과 체형이 다르
다. 화장품 역시 마찬가지다. 고가의 화장품이고 헐리웃의 어
떤 여배우가 쓰는 화장품이라고 해서 내 피부에도 좋을 거라
는 보장은 없다. 백화점의 베스트셀러 화장품이나 홈쇼핑에서
말하는 히트 상품의 탄생에는 사용자들의 입소문보다 마케팅
의 힘이 더 크게 작용한다. 따라서 개개인의 피부에 맞춘 화장
품이 아닌 이상 타인과 나의 피부를 비교도 하지 않고 무작정
따라가는 것은 금물이다. 화장품도 엄연한 상품이므로 유행은
존재한다. 그러나 화장품에 있어 유행은 무의미하다. 녹차 붐
이 일자 녹차 화장품이 우후죽순 등장하고, 식품이나 약품 분

야에서 화제가 되는 성분이 있으면 화장품도 그 유행을 따라간다. 줄기세포가 이슈화되자 이름만 '줄기세포 화장품'인 제품들이 등장하는 것처럼 기능은 거의 같으나 이름과 옷만 갈아입은 화장품이 많다. 일류 배우가 광고하는 제품을 선호한다거나 일반 매장이 아닌 백화점에서 판매하기 때문에 막연히 '좋은 화장품일 것이다'라는 기대는 버려야 한다.

좋은 화장품의 기본요건은 식품과 같다. 좋은 성분으로 만든 화장품이 가장 좋은 화장품이다. 아침저녁으로 매일 사용하고 있는 만큼 화장품도 식품처럼 깐깐하게 골라야 한다는 목소리가 점점 높아지고 있다. 우리가 매일 음식을 먹는 것처럼 피부도 매일 화장품을 먹기 때문이다. 식품을 고를 때처럼 안전하면서도 건강에 도움이 되는 성분이 들어 있는 화장품을 고른다면 최고의 선택이 된다.

물론 대부분의 화장품 성분들이 읽기도 힘든 화학명이나 영어명으로 되어 있어 일반인에게는 낯선 영역일 수 있다. 그러나 우리가 처음부터 칼슘이나 비타민, 프로테인이라는 용어에 익숙하지는 않았을 것이다. 매일 먹고 마시는 식품들의 영양성분이다 보니 쉽게 친숙한 용어가 된 것이다. 라벤다, 티트리, 유칼립투스와 같은 허브식물들의 이름이 처음에는 생소했지만 곧 익숙하게 들린 것처럼 화장품 용어들도 좀 더 쉽게 다가오는 날이 있을 것이다. 화장품도 이제 우리 생활 속의 필수품으로 확실하게 자리 잡았기 때문이다. 아름다워지고 싶어 하는 욕구나 피부에 대한 관심은 고대부터 지금까지 끊임없이 이어져 내

려오고 있다. 이러한 관심과 욕구를 '연예인 OOO도 사용하는 화장품'이라는 일부 과대광고에만 쏟지 말고 화장품 성분에 관심을 가져주기 바란다. 화장품 성분을 쉽게 찾아볼 수 있는 유용한 웹사이트가 생각보다 꽤 많다.

화장품의 성분과 안전성을 검색할 수 있는 웹사이트

대한화장품협회 화장품 성분사전

www.kcia.or.kr/cid/main.asp

2008년 8월 화장품 전성분표시제가 시작되기 4개월 전에 오픈했다. 화장품의 성분명 검색, 등록신청 등을 더욱 쉽고 빠르게 하기 위해 준비되었다. 취지에 맞게 약 5,600여 개의 표준화된 화장품 성분명과 기원, 화학구조, 배합목적 등이 게재되어 있다. 한글로 되어 있어 가장 쉽게 화장품의 성분을 알아볼 수 있다.

EWG's Skin Deep 성분사전

www.cosmeticsdatabase.com

미국환경연구단체(Environmental Working Group)는 안전한 화장품을 위한 캠페인 'The campaign for safe cosmetics'의 창립멤버로 지구에서 유해물질을 줄여나가자는 취지하에 다양한 활동을 펼치고 있는 비영리 환경시민단체다. 이 웹사이트에서는 화장품의 성분과 제품, 브랜드에 대해 0에서 10까지 등급 유해도를 수치화 해줄 뿐 아니라 근거자료도 제공한다. 0~2의 그린 컬러는 '안전', 3~6의 옐로우 컬러부터는 주의해야 할 성분이다. 숫자가 높아질수록 위험도도 증가한다. 영어를 잘 하지 못해도 숫자만으로 충분히 위험도를 짐작할 수 있어 쉽게 이용할 수 있다. 의심이 가는 성분이나 제품이 있다면 방문해서 확인하자.

캐나다의 노바스코샤 환경협회

www.LessToxicGuide.ca

독성이 있는 화학제품을 대신할 수 있는 '홈메이드 레시피'를 제공한다. 또 노바스코샤 환경협회가 정한 기준에 따라 BEST 제품, GOOD 제품을 추천해주고 있어 이것저것 성분 확인이 어려운 분들이 참고하기에 알맞다.

주의해야 하는 화장품 성분

눈 접촉을 피해야 하는 화장품 성분

눈과 접촉을 피하고 눈에 들어갔을 때 즉시 씻어내도록 주의해야 하는 제품으로는 퍼머넌트웨이브용 등으로 사용하는 과산화수소 함유 제품, 벤잘코늄클로라이드, 벤잘코늄브로마이드 및 벤잘코늄사카리네이트 함유 제품, 실버나이트레이트 함유 제품이 있다.

3세 이하 어린이 사용금지 성분

3세 이하 어린이 사용금지 제품으로는 살리실릭애씨드 및 염류 함유 제품(샴푸 제외), 아이오도프로피닐부틸카바메이트(IPC) 함유 제품(목욕 제품, 샴푸류 및 바디클렌저 제외) 등이 있다.

사용할 때 흡입하지 말아야 하는 성분

사용할 때 흡입하지 않도록 주의할 제품으로는 파우더 류에 쓰이는 스테아린산아연 함유 제품, 민감하거나 알러지가 있는 사람이 신중히 써야 할 제품으로는 립스틱에 사용되는 카민 또는 코치닐추출물 함유 제품, 포름알데히드 0.05% 이상 함유 제품이 있다.

사용기한 표시가 의무화된 성분

비타민C, 토코페롤(비타민E), 레티놀(비타민A), 과산화화합물, 효소

화장품, 이렇게 고르자!

기업은 소비자에게 꼭 필요한 제품보다는 소비자에게 가장 잘 팔릴 수 있는 제품을 판매한다. 화장품은 약과 달라서 감기에 걸렸을 때 감기약을 처방하고 머리가 아플 때 두통약을 처방하는 것처럼 사용하지 않는다. 물론 소비자의 피부 상태에 맞는 제품을 개발하기 위해 애를 쓰지만, 기업의 성패는 어떻

게 하면 소비자의 지갑을 열 수 있는 상품을 만드느냐에 달려 있기 때문에 높은 매출을 올릴 수 있는 상품 개발이 더 중요할 수밖에 없다. 또 화장품도 엄연히 상품이라 마케팅 기술이 관여할 수밖에 없다. 특히 화장품은 구매 시 제품의 효능 여부와 상관없이 심리적 만족감이 높은 제품군으로 '여성들의 꿈'을 파는 제품이라고도 불린다.

우리의 시선을 끄는 화장품들은 대부분 '초과학 기술의 집결체' '유전공학의 발현' 등의 문구를 앞세워 마치 새롭게 창조해낸 듯 활성성분을 강조한다. 이러한 낯선 이름의 활성성분들은 화장품 광고 밖에서는 본 적이 없기 때문에 보통 광고에서 말하는 바를 그대로 믿게 된다. '잘 모를수록 잘 팔린다'는 화장품 회사의 판매법칙에 입각해 과학적인 용어로 중무장하고, '비쌀수록 잘 팔린다'는 베블렌 효과(veblen effect)를 적절히 섞어 내놓으면 '특별 처방'을 받은 기적의 크림으로 탄생하는 것이다. 보통의 화장품 회사들은 광고나 마케팅에서 화장품에 가장 많이 들어가 있는 성분을 강조하는 것이 아니라 아주 미미한 양이 들어가 전혀 효능을 발휘하지 못하더라도 마케팅으로 가치가 있는 성분을 화장품의 주연으로 발탁한다. 생전 듣지도 보지도 못했던 낯선 성분이 최첨단의 노화방지 성분으로 둔갑하는 것은 순전히 마케팅의 힘인 것이다.

십여 년 전부터 인기를 끌고 있는 레티놀 제품의 경우, 레티놀 함량이 최소 0.1% 이상은 포함되어야 어느 정도 피부에 변화를 줄 수 있다는 임상실험 결과들이 있다. 하지만 대부분의 레티놀 제품에는 최소 비율에도 못 치는 레티놀이 포함되어 있다. 그럼에도 불구하고 '주름을 펼 수 있는 기적의 크림'이라는 기대 때문에 소비자들의 반응은 매우 뜨거웠다. 정확히 어떻게 피부에 좋은지는 모르지만 캐비어(cavier)에 열광하는 것처럼 포함된 양이 극히 미비하고 고가의 가격임에도 불구하고 사람들은 활성성분에 열광한다. 그러나 특효성분으로 일컬어지는 활성성분들은 대부분 화장품으로써 큰 효과를 내지 못한다. 제아무리 안티에이징을 위한 획기적인 프로그램, 혁신적인 신제품이라 하더라도 구성성분을 살펴보면 거의 90% 이상 똑같은 유탁액을 사용한다. 좋은 화장품의 결정적인 기준은 이 유탁액의 품질이지 활성성분이 아니다.

화장품의 가격을 결정짓는 주요 요인은 마케팅과 유통경로다. 대부분의 화장품 제조원가는 원가와 제조비용, 부자재비를 포함해 전체 가격의 20% 정도다. 대부분의 비용을 차지하는 것은 마케팅 비용(30% 이상)과 유통가(40% 이상)다. 다른 산업에서도 마찬가지겠지만 우리가 지불하는 화장품 가격의 결정에는 누가 광고를 하고 어디서 판매하는가가 중요한 요인이 된다는 얘기다.

당신의 건강까지 생각한 화장

아불카시스(Abulcasis)로 알려진 아랍의 위대한 의사가 약 10세기경 24권의 의료백과사전인 'Al-Tasrif'라는 책을 썼는데 그

중 19번째 책은 화장품에 관한 것이다. 이 백과사전이 라틴어로 번역되어 서양에 전해졌는데, 그는 화장품을 의술의 한분야로 생각해 '아름다운 의술(medicine of beauty)'이라고 불렀다. 여기 19권에는 향수와 아로마 향, 립스틱, 냄새제거제 등의 내용이 실려 있다.

고대에도 그랬겠지만 아름다움은 건강을 전제하지 않고는 이룰 수 없으며 화장품 역시 피부에 직접 바르는 제품이므로 건강과 밀접한 관계를 맺고 있다. 그래서 화장품은 '안전하게 만드는 것'이 기본 원칙이다. 화장품 제품으로 출시되려면 여러 가지 안전성 시험 항목을 통과해야 하는데 주로 아래와 같은 항목들이 포함된다.

〈안전성 시험 항목〉

- 광독성 : 화학 물질 중에는 빛에 노출되면 피부자극성 반응을 일으키는 것이 있다. 이와 같은 물질을 광독성 물질이라고 한다. 햇빛에 노출된 채 이러한 성분이 함유된 제품을 바르면 홍반이나 색소침착이 일어날 수 있다.

- 광감작성 : 빛에 노출되면 알러지 반응이 일어난다. 일부 자외선차단제, 살균보존제, 향료 등에 광감작성 반응이 보고되고 있다.

- 경구독성 : 섭식 또는 흡수했을 경우 생체 기능에 장애를 일으키거나 기관 조직에 변화를 일으키는 독성. 이러한 급성 반응을 일으키는 양과 증상을 예측한다.

- 피부자극성 : 화장품의 안전성에서 가장 기본적인 시험으로 화장품이 피부에 접촉했을 때 자극반응이 생기지 않도록 한다.

- 감작성 : 반복해 사용했을 때 일어날 수 있는 반응으로 우리 몸의 면역계가 관여해 피부 반응이 일어난다.

- 눈자극성 : 눈 주위에 사용되는 화장품이나 두발용 세정 제품과 같이 눈에 들어갈 가능성이 있는 제품에 대해 실시한다.

- 변이원성 : 시험물질이 세포의 핵이나 유전자에 영향을 미쳐 변이를 일으킬 가능성을 평가하는 것이다. 발암성 예측에도 이용된다.

- 생식독성 : 생식·발생의 과정에 의한 시험물질의 위험성을 검토한다.

화장품의 현재와 미래

현대 화장품의 트렌드

세계적인 트렌드가 된 '천연, 유기농, 녹색성장(Natural, Organic, Green)'은 화장품 시장에서도 예외가 아니다. 석유화학산업의 발전은 6만여 종의 합성물질과 5만여 종의 살충제와 비료, 3만여 종의 의약품을 탄생시켰고 직접 수혜자인 화장품은 화려하고 다양한 상품을 무기로 우리 생활 깊숙이 들어와 화학산업의 대표적인 상품군으로 자리 잡았다. 하지만 화장품은 석유산업의 직접 수혜자이다 보니 석유산업이 가진 문제점도 고스란히 갖고 있다. 지구온난화와 생태계 파괴, 오존층 파괴 등의 전 지구적 문제와 같은 맥락이겠지만 석유화학 성분으로 만들어진 화장품을 장기간 사용하면 피부에 문제를 일으킬 뿐 아니라 건강에도 위협이 될 수 있다는 연구보고가 꾸준히 발표되고 있다. 이에 발맞춰 화장품에 대한 인식도 바뀌고 있다.

환경오염과 독성화학물질에 심각하게 노출되어 암이나 각종 질환의 발생률이 빠르게 증가하고 있다는 사실에서도 알 수 있듯 이제 건강을 고려한 화장품의 선택은 의무사항으로 받아들여지는 추세다. 화장품에 가장 많이 사용되던 방부제 '파라벤'은 환경호르몬과 발암성을 의심받으며 화장품 성분에서 제외되는 추세로 가고 있다. 화장품 매장에 가면 '무파라벤'이라는 용어를 사용하면서 광고하는 경우도 적지 않다. 또 잠재성 발암물질로 의심받고 있는 합성계면활성제(SLS: Sodium Lauryl Surfate)와 보습제(PEG: Polyethlyene glycol), 합성색소, 서서히 포름알데히드를 방출하는 이미다졸리디닐우레아, 환경호르몬이 의심되는 벤조페논-3, 알러지 유발이 의심되는 미네랄오일, 인공향료 등의 성분들도 지양하는 추세다.

이에 기존의 화학성분들을 자연에서 얻은 성분으로 대체하고 인체친화적인 성분들을 사용해 좀 더 건강한 화장을 돕는 제품들이 출시되고 있다. 몇 년 전까지만 해도 말로만 '천연'을 가장한 제품들이 많았다. 천연성분을 한두 개 첨가한 후 천연화장품이라 광고하지만, 실제 성분을 살펴보면 문제가 있는 화학성분들이 모두 포함된 경우가 허다했다. '천연'이라는 의미를 마케팅적 요소로만 이용한 예라고 할 수 있다. 하지만 진정한 천연화장품은 문제가 되고 있는 유해화학성분을 천연으로 대체하는 데 더 의의를 두고 있다고 할 수 있다. 우리가 애초에 천연성분을 다시 찾게 된 계기는 기존의 화학 화장품이 가진 위험성을 피하고자 했기 때문이다.

기업과 소비자 모두에게 성숙한 친환경 의식이 자리 잡아가고 있는 상황이라 이제 유기농 또는 천연성분, 무해성, 친환경 특성을 근거 없이 말하긴 어렵다. 다양한 해외 인증기관의 인증제도를 도입하는 회사가 늘고 있고, 식약청에서도 '유기농화장품 표시 및 광고 가이드라인'을 발표했다. 곧 유기농 화장품에 대한 원료 함량과 제한사항에 대한 발표가 예상되고 있어 무법천지였던 시장에 제대로 된 천연, 유기농 화장품이 자리 잡을 것으로 예상된다.

해외 유기농 인증기관으로는 프랑스의 Ecocert, 독일의 BDIH, 일본의 JAS, 미국의 USDA Organic, 호주의 ACO와

〈해외 대표 유기농 인증기관의 로고〉
① 프랑스의 Ecocert ② 독일의 BDIH ③ 프랑스의 COSMEBIO
④ 이탈리아의 ICEA ⑤ 일본의 JAS ⑥ 호주의 ACO

OFC, BFA, 뉴질랜드의 Bio-gro 등이 있으며 2015년 1월부터 유럽에서 시행될 'Cosmos-Standard'도 기대를 모으고 있다. 'Cosmos-Standard'는 영국의 토양협회(Soil Association), 독일의 BDIH, 프랑스의 COSMEBIO와 Ecocert, 이탈리아의 ICEA 등 유럽의 대표 유기농 인증단체들이 유기농 화장품에 대한 인증 규정을 통합해 발표한다고 한다. 이 5대 단체는 전 세계적으로 1400여 개 회사의 2만 5천여 가지 제품을 인증하고 있어 유기농 화장품 시장의 대대적인 지각변동이 예상되고 있다. 미국의 USDA Organic도 'Cosmos-Standard'에 버금가는 조항과 기준을 만들고 있다고 한다.

미래 화장품에 대한 오마쥬

뤽 베송 감독의 영화 〈제5원소(1997)〉의 한 장면을 보면 미래 화장품의 모습을 묘사한 장면이 있다. 2259년 뉴욕이 배경인 이 영화에서 여주인공은 사진기 또는 망원경처럼 생긴 작은 상자를 발견한다. 샤넬 로고가 선명한 이 상자에 눈을 갖다 대고 셔터를 누르자 마치 유명 메이크업 아티스트의 손을 빌린 것처럼 한 순간에 여주인공의 눈과 아주 잘 어울리는 화려한 눈화장이 이루어진다.

과학의 발전으로 우리를 아름답게 해줄 수 있는 여러 기술의 발전도 함께 진행되고 있다. 화장품에 나노기술이 접목되어 피부 속 더 깊이 화장품 성분을 전달할 수 있게 되었고, 피부

연구도 진일보를 이루어 미백제품의 경우 각질형성 세포, 랑겔한스 세포, 멜라닌 세포 등이 상호 밀접한 정보 네트워크를 이루고 있다는 사실을 발견함으로써 신호전달 물질의 억제를 통한 미백 성분의 연구도 지속되고 있다. 또 유전공학의 발달로 자신의 피부에 필요한 물질을 자신의 배아세포로터 추출·배양해 화장품 성분으로 이용하는 '개인맞춤형' 화장품 시대가 열리고 있다. 그러나 첨단과학은 늘 장점과 단점을 동시에 지닌 반쪽짜리 과학이었고, 발전방향도 어디를 향하고 있는지 좀처럼 파악하기 어렵다.

화장품에 대한 서양의 사고방식은 상당히 직접적이어서 '피부가 건조하면 피부장벽을 파괴해서라도 물을 넣어주면 된다' 혹은 '피부면이 거칠어지면 깎아 내거나 합성피막을 이용해 피부를 감싸 준다' '주름이 생기면 주름진 부위를 수단과 방법을 가리지 않고 채워 넣으면 그만이다'와 같은 방식이었다. 물론 이런 식의 접근을 통해 단시간에 효과를 경험할 수도 있지만 사실 이러한 방식은 장기적으로 볼 때 무지한 처방에 가깝다. 자연의 리듬을 가지고 있는 피부와는 너무 이질적인 방법이기 때문이다.

첨단과학이라는 이름에 걸맞는 '나노테크놀러지'를 이용해 입자를 작게 만들고 피부 속 깊이 유효성분을 전달할 수 있게 되었지만 원하는 물질만 선별적으로 피부를 통과하는 것이 아니라 원하지 않는 물질까지 통과시켜 새로운 문제점을 낳기도 했다. 상황이 이렇다 보니 "과학의 발전이 결국 지구를 병들게 하고 우리 몸을 파괴한다."고 주장하면서 '과거로의 회귀'를 외치는 사람들도 많다. 자연 그대로의 것이 우리 몸에 가장 유익하고 건강한 재료라는 결론에 이르는 것이다. 이는 소위 '신토불이(身土不二)'라는 말과도 일맥상통한다. 자연에서 얻은 재료가 우리 몸과 피부에 가장 잘 맞으며 이렇게 친화적인 재료를 사용해야만 몸도 피부도 자연의 리듬을 찾아간다는 이야기다. 결국 피부 자체가 가지고 있는 피부시스템을 되살리자는 말이다.

첨단과학의 화장품이 우리의 피부 시계를 과연 거꾸로 돌려줄 수 있을지 모르겠지만, '자연'만이 해답이라고 편을 들기보다는 인간의 무한한 가능성을 바라보며 미래 화장품에 기대를 거는 마음은 누구라도 같을 것이다. 첨단의 과학기술이 접목되어 피부 문제를 본질적으로 해결해 주고 피부를 진정 건강하고 아름답게 만들어주는 제품, 피부를 젊게 유지시켜 주는 제품, 안정성이 확보되어 인체에 무해하고 자연친화적인 화장품을 가까운 미래에 만나보고 싶다. 이를 위해서는 화장품을 개발하는 사람들의 끊임없는 연구와 투자가 필요하겠지만 매일 화장품을 사용하고 있는 우리 소비자의 몫도 중요하다. 지속적으로 관심을 기울이면서 좋은 화장품은 칭찬하고 나쁜 화장품을 가려낼 줄 아는 현명한 소비자들이 늘어난다면 우리를 정말로 아름답게 만들어줄 진짜 화장품을 만나는 때가 속히 도래하리라 기대해 본다.

큰글자 살림지식총서 149

알고 쓰는 화장품

펴낸날	초판 1쇄 2018년 5월 11일

지은이	구희연
펴낸이	심만수
펴낸곳	(주)살림출판사
출판등록	1989년 11월 1일 제9-210호

주소	경기도 파주시 광인사길 30
전화	031-955-1350　　팩스　031-624-1356
홈페이지	http://www.sallimbooks.com
이메일	book@sallimbooks.com

ISBN	978-89-522-3929-7　04080
	978-89-522-3549-7　04080 (세트)

※ 이 책은 큰 글자가 읽기 편한 독자들을 위해
　글자 크기 14포인트, 4×6배판으로 제작되었습니다.

큰 글자로 읽는 세상의 모든 지식
살림지식총서

최근 빠른 속도로 고령화가 전개되면서 노안이나 약시, 저시력 등의 이유로 독서에 어려움을 겪는 분들이 늘고 있습니다. 선진국에서는 '큰글자 도서'의 제작 · 보급이 이미 활발히 이루어지고 있으나, 국내에서는 수요 부족 및 높은 제작비 등의 이유로 아직 원활하지 못한 상황입니다. 이에 '한국의 대표문고'를 지향하는 〈살림지식총서〉가 우리나라 큰글자 도서 시장의 저변을 넓히자는 취지 아래 '큰글자 도서' 보급에 적극적으로 나서고자 합니다.

독자들의 편안한 독서를 위한
큰글자 살림지식총서의 노력은 계속 이어집니다.

www.sallimbooks.com | www.jichong.co.kr

값 15,000원

04080

9 788952 239297

ISBN 978-89-522-3929-7
　　　 978-89-522-3549-7(세트)